MÁ-FÉ

TARQUÍNIO D'AMBRÓSIO

Má-fé

Romance

Curitiba, 2021

KOTTER EDITORIAL

COORDENAÇÃO EDITORIAL: Sálvio Nienkötter
EDITORES-EXECUTIVOS: Claudecir de Oliveira Rocha, Raul K. Souza
EDITORES-ADJUNTOS: Francieli Cunico, Daniel Osiecki
PROJETO E EDIÇÃO GRÁFICA: Cintia Belloc
PRODUÇÃO: Cristiane Nienkötter

Dados Internacionais de Catalogação na Publicação (CIP)
Angelica Ilacqua CRB-8/7057

D'Ambrósio, Tarquínio
Má-fé / Tarquínio D'Ambrósio – 1. ed. – Curitiba: Kotter Editorial, 2021.
192 p.

ISBN 978-65-89624-31-8

1. Ficção brasileira I. Título

21-1414 CDD B869.3

Kotter Editorial
Rua das Cerejeiras | 194
82.7700-510 | Curitiba | Paraná
+55 (41) 3585-5161
www.kotter.com.br | contato@kotter.com.br

Agradecimentos:
À Danila Karim, sem a qual não seria possível esse trabalho.

I

O calor intenso sufocava, a pouca e pífia brisa que soprava cuspia um bafo quente, enjoativo. O lençol umedecido e a fronha de algodão desenhavam as laterais do meu trapézio em linhas mal traçadas e disformes. Cheiro de suor e álcool impregnavam o quarto e tudo rescendia a uma noite mal dormida e quase insone e roupas espalhadas pelo chão do quarto. Quase nu, suado, pensativo, fatigado pelo calor e pelo álcool, nem mesmo esse incidente pecaminoso desviava a minha completa atenção. Estava ansioso, esperava ávido o dia glorioso que não tardaria a chegar.

Precisava recompor-me. Durante a solenidade, nenhuma distração seria aceitável. Tinha esse coroamento como base das minhas aspirações, cujos protocolos pretendia seguir à risca, ainda que não fosse dado as cerimônias desse tipo, nada obliterei. A sobriedade seria fundamental. Um pastor, visivelmente de ressaca, ou perturbado por uma noite insone, ou outra qualquer demonstração de fraqueza visível, daria munição para os que cobiçavam o meu posto. Ao menor deslize, agarrariam nesse ponto e começariam a minar as minhas bases. Muito além do ato em si, o imperioso, nesses casos, seria sempre manter a reputação ilibada.

Nem posso dizer que a noite correu mal. Ao contrário, correu bem. Acentuo, porém, a carga emocional que tenho que superar. Lembrava-me de alguns momentos, um tanto confusos. O perfume feminino e a peça íntima lançada ao chão, junto à casa de banho e não sendo de minha esposa, denunciavam outro pecado a ser adicionado à bebedeira. De modo que, ficou claro que eu havia passado da medida quando deveria estar completamente focado em garantir a minha posse. Confesso que tentei encarar o ocorrido com certo pesar. Vasculhei, perscrutei cada imagem, cada momento, para que à luz da lembrança recente pudesse fazer-me ressentir, ou coisa que valha. Mas não foi possível.

Essa insensibilidade incomoda-me intermitentemente. Fiz exercícios para aflorar algum sentimento transbordante, mas toda essa empreitada foi infrutífera. Todos os eventos motivacionais, ou aqueles de cura, necessitam de certos preparativos comuns e perfeitamente normais, tais como: um ambiente propício, música, orações quase no ritmo de mantras, juntos produzem um efeito surpreendente, milagroso, impactante. Nada, absolutamente nada, resolveu esse problema. Ao longo da vida, fiz algumas consultas com amigos psicólogos para tentar desvendar esse mistério, mas, infelizmente, carreguei e carrego até hoje esse verdadeiro calvário na minha profissão que depende da minha capacidade de ser carismático, de envolver-me com as pessoas e os seus problemas, pelo menos, parecer estar envolvido. É preciso esforço e treino para superar essa aridez que ainda persiste.

Estranhamente, nunca havia sentido a consciência pesada ou arrependimento. Exortei algumas pessoas ao arrependimento profundo, incentivei incontáveis fiéis à confissão, umas vezes exortei-os publicamente à uma nova visão, a passarem suas vidas em revista e a adotarem novas posturas. Enfim, renascer em Cristo. Armado com as sagradas escrituras, embasava os meus ensinamentos, ainda que nunca tenha feito uso dessas mesmas prerrogativas. Aliás, o convite a uma vida de santidade e pureza nunca fizera sentido algum para mim. Não me sentia impuro ou profano, muito menos santo ou puro.

Eu só queria que as coisas corressem bem. Só queria administrar um empreendimento e ser bem-sucedido. Usaria qualquer expediente para lograr êxito, ainda que para isso, aconselhasse procedimentos característicos e padrões aos outros, que a mim, nada diziam. Vezes sem conta quis dizer ao líder do rebanho, o meu pai, a minha inclinação pela mundanidade, mas declinava do desejo de fazê-lo para o bem da comunidade. Afinal, em que ajudaria a igreja, expondo as fraquezas e ordinarices de um possível e provável líder da comunidade de crentes? Não acabaria matando as ilusões daquela boa gente? Provocar uma discussão nesse nível poderia trazer-me senões, que em nada contribuiriam para o sucesso da organização. Era quase uma questão formulada de forma definitiva. Ou dizer a verdade e buscá-la de todo coração, ou buscar a igreja de todo coração e fazer tudo o que fosse necessário para mantê-la. De modo que, obviamente, optei pela igreja. No meu íntimo, não gostaria que fosse assim, mas fi-lo sem nenhuma mácula no pensamento.

Nessa noite tive uma certa inquietação. Talvez venham a ser a mesma coisa: inquietação ou arrependimento. Ou talvez outra coisa qualquer, um pecado... não tinha certeza. Vivi esse sentimento torturante não pelo ato em si, ou por não ser ético, mas pelo medo que viesse a conhecimento público. A visibilidade das ocorrências dessa noite poria todo o nosso sucesso em xeque, toda a comunidade de fiéis em descrédito, a igreja, os negócios, tudo estaria comprometido, pelo menos para mim e para a minha família, e poderia levar-me ao banimento da comunidade, – quando se é destituído e banido, é-se atirado a um limbo por toda vida – o que não aconteceria se pudesse evitar. Por fim, enquanto refletia, uma enorme sonolência foi-se apoderando do meu corpo, tornando os pensamentos confusos, repetitivos, monótonos. A cabeça, esfregando-se no travesseiro, aninhou-se encontrando uma posição confortável, definitiva e adormeci.

Dormia, acordava. Levantava e escrevia. Escrevia até que arrasado pelo cansaço, deitava de novo numa luta arrastada, modorrenta, com prazo indefinido para o completo restabelecer das minhas forças. Deitava, voltava a levantar e a escrever.

Tive uma estranha inspiração. Vislumbrei a ideia de contar a minha história, sem pensar propriamente se a publicaria ou não, apenas com a simples intenção de relatar um segredo, um diário... expulsar os pensamentos turbulentos e exorcizar os fantasmas. Ainda que não soubesse a forma que tomaria, optei por trocar alguns nomes, sabendo, porém, que, aos conhecedores da história ficaria muito claro quem é quem e a quem se dirigiam os acontecimentos.

Escrevia e parava, espreguiçava-me estendendo os meus músculos ao máximo, e em alguns momentos andava pelo quarto perscrutando os meus pensamentos. Voltava para mesa e escrevia compulsivamente.

Tudo andava de acordo com os princípios sagrados da privacidade, os telefones desligados, a casa semicerrada à meia-luz, tendo como testemunha a penumbra a encobrir os olhares indesejados. O criado mudo, parcamente iluminado pela fresta da janela, lampejava um facho de luz da iluminação pública, com seu tom avermelhado de mercúrio, cortava a capa de couro da Bíblia que cuidadosamente repousava ao lado da luminária. Era a minha Bíblia de estudos, de consulta, que vergonhosamente vergavam páginas incólumes lisas de pouco mexer. Tinha outra, porém, usada pelo meu pai, que também a herdei toda amassada e sublinhada, com referências tingidas de vermelho e linhas de esferográfica azul que ele riscava com a régua para não passar por cima da escrita, somente sublinhada, rigorosamente sublinhada. Não necessitava de outra. Praticamente os textos usados nas pregações dele e de muitos outros, as palavras-chaves, os sermões usuais, os cultos, quase sempre eram baseados naquelas matérias, e orávamos a Deus que não viessem perguntas para além do ensaiado, coisa que criaria constrangimento, pois, preparávamo-nos para cada culto com as linhas de ação já determinadas, com elucidações e respostas prontas e o roteiro que devia ser seguido para não nos desviarmos do guião.

Eu, homem de Deus, compromissado cada vez mais com a igreja que depositara confiança na minha herança, homem de púlpito que exortava o povo com veemência a seguir o caminho do Senhor, acostumado a condenar comportamentos que o meu pai, moralista e fundador da igreja, também condenava, era para mim um acaso que me deixara levar a cometer tantas práticas nefastas em uma só noite.

Em muitos anos, fora a primeira vez que minha amada esposa, mulher temente a Deus e fiel à igreja, levara os nossos filhos para passarem uns dias no campo, na casa dos avós e sub-repticiamente o inimigo, ele mesmo – o diabo – aplicara todos os seus engenhos, obra de Satanás na satisfação da carne, e conseguiu.

Sucumbi mesmo, temia que descobrissem o ocorrido. Estava disposto a manter a história em sigilo. Voltei os meus pensamentos para a conquista da herança que se aproximava cada vez mais com o passar das horas, o dia que coroaria os meus esforços e tudo seria diferente. Após, veria o que fazer para solucionar o episódio em que me meti, estava tudo sob controle, essa oportunidade não me escaparia, tomaria o que é meu de direito.

Mentalmente tomava posse de tudo o que cobiçava, sentia-me dono de tudo, chefe e reverendo a apascentar o meu rebanho, a ganhar novos escalões, a alcançar patamares mais importantes. Estava absorto nos meus devaneios, nos quais encontraria o meu destino que se aproximava inexorável, já não era hora para lamentos. Decidi registrar tudo, relatando o que vi e vivi e não poderia deixar de começar senão pelo meu pai, que começou todo esse universo em que me encontro e que luto orando todos os dias para que Deus acrescentasse em mim a tão propalada fé. Desejava experimentar esse sentimento.

Lembro de meu pai, o conhecido pastor Genésio e fundador da Igreja, que evangelizou boa parte das pessoas de bem do meu bairro e que, infelizmente, não viveu para ver o maravilhoso crescimento do seu trabalho, sendo reduzido a uma nota de pé de página nos autos da igreja, mas que dele não esqueceu e disso sou testemunha.

O meu pai era homem de fé inquebrantável, via-o com maior admiração. Simples, sério e religioso, com intensa vivência espiritual, interiorizou o conhecimento da palavra de Deus, fruto de trabalho e disciplina, sobretudo de oração. Via aquele homem encorpado, de tez clara, esmurrando o púlpito, exortando o povo ferozmente, entronizado naquele paupérrimo púlpito quase sempre improvisado no difícil início da igreja, a admoestar o povo com as suas cartas paulinas que segurava na mão enquanto berrava com a autoridade sacerdotal. Lia as cartas contumazmente e repetia-as para mim, imaginando-me o seu sucessor, primogénito, entendia que eu deveria sucedê-lo.

— As cartas de Paulo são menos importantes espiritualmente do que o evangelho, porém, muito mais importantes para orientar o povo nos costumes que qualquer outro texto bíblico. – Dizia.

De fato, as cartas paulinas regiam o seu estranho método teológico, sendo ele autodidata, criou-o para si mesmo e por conseguinte para o rebanho que timidamente crescia.

Com o passar dos anos e as inocências substanciais da idade, esvanecerem-se, e via o meu pai exercendo toda aquela autoridade moral dentro e fora da igreja. Também era dado a rompantes de alegria mundana nos quais sobressaíam as andanças pelas cidades vizinhas, nas quais varava noites em vigília com outros homens de Deus. Vi que essas vigílias não eram tão santas e os companheiros de longas noites, na verdade, eram as "irmãzinhas", como mordazmente as chamava assim, mulheres da vida que não eram dadas à oração e ao jejum, como ele mesmo dizia em tom irônico, mas conseguiu manter essas andanças abrasadas pelo pecado em segredo com a corroboração de minha amada mãezinha, que ratificava as suas noites isoladas da família, sabendo, porém, onde ia. Mantinha a fraude para respeitosamente equilibrar a paz doméstica, e fê-lo tão bem que a sua posição de primeira-dama da igreja e mulher de respeito e oração seguisse incólume mesmo após a morte dele e que os segredos nunca fossem conhecidos pela congregação, ou quiçá, não fossem percebidos como algo substancial.

É importante salientar que o desgaste provocado pelas noites pecaminosas dele, fez a saúde da minha mãe abalar-se, o corpo forte e bem distribuído estava a arruinar-se a olhos nus e havia tristeza nos seus olhos. Finalmente, isso tocou o coração dele e pelo bem-estar da família e de sua carreira pastoral, sossegou e abandonou as "longas vigílias". Por outro lado, sendo também chefe de família e zelando pelo bem da mesma, ela nunca reclamou, nunca tornou pública a infidelidade matrimonial. Foi por causa de seu enorme esforço que nos assegurou a casa pastoral, construída com amor e mutirão dos irmãos por ele mobilizados, onde vivíamos e vivo até hoje, além de ter-nos permitido estudar em boas escolas.

Decerto quem construiu a igreja e a casa pastoral foi Seu Eustáquio, que nos horários e dias de folga, administrava com mão de ferro os operários da igreja, feito só alcançado graças ao prestígio do meu pai cuja dedicação à igreja exigia sacrifícios de todos e que, de bom grado, o faziam.

O Pastor Genésio, desde que largou a vida mundana ou aquilo a que ele chamava assim, abraçou a carreira evangélica motivado por causas humanitárias. Era justo e não era corrupto, pois o seu defeito não provinha das ambições financeiras, mas de uma libido incontrolável. Geriu bem a sua carreira, galgando o seu "*status*" de pregador devido à leitura interminável das escrituras e, a muito custo e com habilidade administrativa notável, transformou um pequenino círculo de orações em uma pequena igreja rentável, o suficiente para construir uma empresa saudável juntamente com a casa pastoral.

A casa foi construída com o traçado de um solar, confortável no qual dispúnhamos de quartos individuais, amplas salas, um jardim e um quintal arborizado. A copa, onde costumávamos receber amigos e irmãos da igreja, dispunha de espaço suficiente para andarmos ao redor da mesa de jantar sem atrapalharmos os serviços da cozinha. Ambos os terrenos foram doados por pessoas sem vínculo a nós, cuja pregação do doar e desapegar-se das coisas materiais surtia efeito e o povo respondia às intenções do pastor que arregimentou o necessário para acolher os visitantes deslumbrados pelo empenho abnegado dos membros. Com o seu tino comercial apurado, concomitante a oratória que alimentava os fiéis, pude estudar na melhor escola de teologia da região de forma a realizar as esperanças do meu pai de um dia estar preparado para sucedê-lo.

Ainda éramos modestos, uma pequena congregação, conseguíamos retirar do pouco, o suficiente. No entanto, todos os esforços do meu pai tinham a intenção de fazer-nos crescer, sonhava tornar todo aquele empreendimento em um império. Devo ressaltar que não o ambicionava pelos dividendos financeiros, o que o encantava era o poder, era aquela aura de santidade que o cercava e lhe trazia admiração.

Nunca passamos necessidades, tínhamos certa fartura e as contas sempre pagas, o negócio tinha potencial. Inúmeras vezes via-o beber um cafezinho após o jantar, caminhar lentamente e sentar-se na pequena poltrona que repousava no centro da varanda. Pensava intermináveis minutos, apoiava os braços no descanso da poltrona, dobrava a perna direita sobre a esquerda, e quem quer que estivesse por perto, iria ouvir um relato detalhado das ambições e dos sonhos de grandeza do velho.

Asseguro que o primeiro projeto dele foi bem-sucedido, transformar o círculo de orações em um investimento com retorno e pôr os seus filhos na Universidade. Eu fiz teologia. Segundo a avaliação do meu pai, o meu irmão mais novo não apresentando vocação alguma para a vida sacerdotal, foi liberado para seguir a carreira que desejasse, e assim concretizar o seu sonho, viver no campo. Foi estudar um pouco mais distante da família, na Universidade Rural, onde brilhantemente terminou o curso de agrimensura. Por sorte, a sua formação religiosa não estava nos planos do meu pai, pelo que ele não hesitou em permitir que se fosse embora, porém, desde o início apostou na sua formação sustentando-o até iniciar o estágio.

Não tardou muito a ser contratado por uma família importante do centro oeste para medir as suas terras. Casou com uma irmã da igreja, uma mulher linda que tinha os joelhos marcados pelos sulcos profundos do hábito de orar. Fiel e polida, de ancas largas, cintura delgada, elegante e boa dona de casa, indicando que o seu lar seria abençoado e repleto de numerosa prole, assim queria o meu pai. Com efeito, eles só tiveram uma filha, a qual só vimos uma única vez quando completou a idade escolar apropriada. Apesar de não termos perdido o contato, quando revi a minha sobrinha, era ela uma mulher feita e disso falarei alhures.

Tínhamos uma estrutura funcional, no entanto modesta. Destas que concentram o espírito naquilo que realmente importa, o fortalecimento da fé e a união entre irmãos. Era de todo despretensiosa, uma construção pintada de branco com janelas azuis que lhe davam um aspecto sóbrio, tinha quatro janelas de madeira barata grandes e duas portas amplas, quando abertas arejavam o seu interior nos dias mais quentes. Nos fundos estava o quintal, igualmente grande, tinha um grupo de mesas e cadeiras de concreto fincadas debaixo de uma árvore frondosa e ali se realizavam as escolas dominicais e um pequeno anexo abrigado onde funcionava o ministério infantil, cujo intuito era distrair as crianças enquanto os adultos se concentravam na palavra do Senhor.

O terreno era enorme, mas com a simplicidade típica dos sítios do interior, de onde provinham quase todos os membros expulsos de suas terras pela pobreza crônica do interior do país. Nada que se comparasse ao templo multifuncional que teríamos depois, graças à ajuda do Sr. Bispo, com quem, com a graça de Deus, nos associamos posteriormente. Sobre isso falarei mais à frente. Foi o corolário de todo um esforço em transformar uma pequena igreja familiar, com os seus pequenos negócios subjacentes, em uma organização próspera e em tudo bem-sucedida.

As minhas primas eram o modelo das jovens que queríamos na igreja. Simpáticas, com sorrisos encantadores, perseveravam na reza, e, desde tenra idade, faziam parte da esfera de oração da igreja onde os membros se divertiam em ver compenetradas as crianças, com as mãozinhas postas, moverem os lábios a repetirem orações que desconheciam os seus significados mais profundos ou, quiçá, qualquer significado. Depois de crescidas e assumidas nas suas funções espirituais, também participavam do círculo de orações de Dª Alda, pessoa fundamental no desenvolvimento da igreja – que merece a sua história contada com destaque.

Ela misturava o serviço da oração e a assistência material dos desafortunados que com ela rogavam nas noites de quarta-feira e que ela, peremptoriamente, declinava qualquer convite sempre repetindo:

— Ah, não! Na quarta não pode ser. Tenho os meus carentes para cuidar!

Particularmente, eu via esse investimento um tanto sem retorno, um investimento a longo prazo sem garantias de espécie alguma, mas Dª Alda era intransigente no comando dessa assistência, com envergadura moral obrigava todos a tolerarem o projeto mesmo com discordância de alguns.

O meu pai, cuja supervisão de ambas as casas de oração, fazia questão de acompanhá-la, sorria satisfeito de ter entre os seus quadros pessoa tão bondosa, aquilo que ele dizia se assemelhar a uma santa moderna, abençoando os serviços das suas filhas com amor. Tudo parecia andar conforme o seu querer.

O resto da minha história de família é redundante e não vale a pena descrever, salvo a vida matrimonial de minha mãe que adiantei anteriormente e a sua poderosa oração. Aconselhava os que lhe pediam orações para um problema aqui e outro ali, a fazerem as suas próprias orações, pois isso, agradava a Deus.

Dona de casa, que a governava com pulso firme, cuidava com tal zelo que superou as arruaças do meu pai nos seus encontros libidinosos e, por amor à família, suportou tudo com garra, de modo que ele pôde concentrar as suas forças nas obrigações da igreja. Ela nunca superou o trauma de ver o marido envolvido, durante tanto tempo, com mulheres libertinas e desavergonhadas.

Na minha idade adulta e mesmo depois do meu casamento, nunca vira um gesto de carinho seu para com o meu pai. Não era por falta de amor que carregasse no peito, pois derramava-nos afeto. Mas sim, pela vergonha como ele a tratava, usando-a como parte de seu engenhoso ministério, apresentando-a como um exemplo de mulher cristã. Em casa nada disso se via, mal se esbarravam e provavelmente assim o procediam também na cama.

Por vezes, via-a chorar em prolongadas orações e súplicas silenciosas, balbuciadas com cuidado para que não a ouvíssemos. Tinha tato e carinho pela sua família, a ponto de, na inocência pertinente da infância, antes que as máscaras da santidade caíssem, fazer com que tivéssemos orgulho do nosso pai nas suas longas vigílias. Fazíamos silêncio quando ele regressava a casa para que descansasse e ela falava-nos dos sacrifícios dele em deixar a família para orar e atender aos necessitados naquelas noites imensas e solitárias. Graças a ela, o Pastor Genésio gozou de reputação inviolável e de auréola de santidade até o fim de seus dias, chamado por todos de Reverendo e em sua honra, o título incomum é usado até hoje para designar os que assumem a autoridade de pastor presidente. Foi o seu empenho, em ocultar a verdade sobre os passeios noturnos dele, que o galardoou com esta áurea santa e sábia, testifico, porém, que a sua sabedoria era verdadeira, quanto a santidade... nem tanto.

Ele esforçou-se em anunciar o meu nome na sua linha de sucessão e não perdia a oportunidade em exaltar as minhas qualidades e vocação. Mesmo sem eu nunca ter manifestado esse desejo, isso era de menor importância para o seu projeto. Todos esses anos, ele havia investido em mim, na minha formação e trabalhara na propaganda quase que diariamente, nem ouvindo um sim e nem um não. Decerto que a igreja, ainda em seu formato inicial, não despertava nenhuma ambição em opor-se à minha carreira idealizada pelo pastor presidente e seguia sem problemas.

Posteriormente, quando a igreja dera sinais de crescimento e o "caixa" começou a ficar interessante, foram-se sucedendo os olhares de inveja e cobiça, nasceram na mesma proporção em que aumentavam os membros. Os cochichos pelos cantos escuros do salão nos intervalos dos ofícios religiosos e os grupos atentos ao potencial comercial daquela instituição, despertavam uma corrida silenciosa, mas não declarada de sucessores. Quando arguido, se o seu desejo era também o de Deus, o meu pai finaliza a conversa dizendo que orava para que o seu filho estivesse preparado quando ele, o Senhor dos Exércitos, fizesse o chamado, delegando a Ele, a sua vontade de ver-me no púlpito, encerrando as discussões de forma que ninguém pudesse contestar a vontade divina.

Todos, a bem da verdade, usavam do mesmo expediente alegando que também oravam, pedindo ao Espírito Santo a função de indicar o próximo pastor-presidente, inibindo assim a aspiração do meu pai. Entretanto, a eventual possibilidade de ser realizada essa vontade do Espírito Santo continuava um problema insolúvel, já que ninguém conhecia a sua vontade. É verdade que essa mesma vontade é subjetiva, já que o mesmo Espírito Santo orientava diversas denominações dizendo uma verdade para cada uma delas, de forma que, ou ele mentia para todos ou nenhuma delas recebia orientação alguma dele. Na grande maioria das vezes, escrevendo, analisando e expondo as suas próprias interpretações das escrituras e os usos e costumes e, delegando a tal orientação ao Espírito Santo de maneira a torná-la incontestável. Acreditava ainda, que o curso de teologia dar-me-ia uma formação de oratória e eloquência e bases suficientes para o aprofundamento da fé.

Com efeito, a primeira parte de seu plano para mim, saiu-lhe um tiro pela culatra. No seminário teológico, onde estudávamos disciplinas complementares para aprofundar os estudos em história e religião comparada, quanto mais mergulhava nas histórias bíblicas buscando alicerces, mais se tornava difícil aceitar as escrituras como inerrantes. Aliás, longe disso. A Bíblia é repleta de dados incertos, de figuras de linguagem e sobretudo de fábulas na melhor acepção da palavra, tudo com um certo fundo de verdade, mas, exagerado como o é qualquer mitologia. Nunca vi problema nenhum em fazer esse tipo de leitura das escrituras. Qualquer história, mesmo que exagerada ou fantasiosa, ganha um fundo de verdade se dentro dela existirem elementos e dados verdadeiros. Não considero nenhuma história bíblica mentirosa, entretanto, todas são exageradas e superdimensionadas.

Não se pode negar o esforço colossal de Moisés em construir a nacionalidade hebreia a partir de algumas visões que ele teve nas extenuantes vigílias que fazia no deserto. Entretanto, tentar assimilar essa visão e, mais ainda, atribuir a outro povo além dos hebreus a herança dessas histórias, chega ao limite da indecência de estar a apropriar-se de uma cultura que não é a sua. É tentar, de qualquer forma, adotar os códigos de conduta, as leis, os costumes, as tradições de uma cultura longínqua e assimilar essa mesma cultura forçando um elo inexistente. Mas, concentrei-me no essencial: garantir boas notas e evitar discussões sem propósito com os professores, coisa que não ajudaria na minha carreira. Sobretudo não queria decepcionar o meu pai que tanto se empenhara na minha formação e tantas horas se dedicara a minha futura candidatura, mas a crença inabalável nos dogmas sumira para sempre. Era matéria obrigatória naquele seminário: a história da igreja e, conforme aprofundávamo-nos nos estudos, mais me distanciava da fé.

Era deprimente ver aquele movimento heroico fundado sob pés descalços na palestina, na areia seca do deserto, homens corajosos que criam naquelas palavras de amor e fraternidade cuja origem remonta a um certo João Batista. Um jovem eremita, asceta que renunciara ao mundo para não se contaminar com as mentiras farisaicas. Apesar da tenra idade, contrastando com a voga dos cabelos brancos que davam aos homens hebreus aquela aura de autoridade e sabedoria. Aquele jovem excecional desafiava Roma, o Sinédrio e a Herodes. Ousou enfrentar com suas verdades as estruturas sociais e religiosas vigentes e batizou outro jovem rabi, que como ele, desafiou a ordem estabelecida, pés descalços e longas madeixas eram sua marca, todo o patrimônio se resumia a uma bata e um alforje de couro. Assim, foram assassinados pelas mãos do estado, da intolerância e pelas forças opressoras de então.

Eu estava apaixonado pelo Cristo e pela ideia do cristianismo, mas então, entramos em Constantino e aí começaram os problemas. O movimento clandestino transformou-se em braço psicológico do estado, os gnósticos foram assassinados e os que se pronunciaram contra o infame concílio de Nicéia foram perseguidos. Uma força negra tomara a igreja de assalto e a desobediência a ela condenada sob pena de morte dolorosa. Depois vieram as cruzadas e seus horrores. Depois a inquisição. Entretanto, adentrei o estudo dos erros históricos dos nossos patriarcas, crimes igualmente hediondos, os reformadores eram tão cruéis quanto Roma. Depois, as colonizações e suas monstruosidades, a colaboração com as ditaduras e as forças mais perversas da terra.

Por fim, já não queria fazer parte daquilo. Sentia constrangimento, não era bem dessa forma que gostaria de ser libertado pela verdade. Mas, na noite que a vida religiosa deixou de ser interessante, por uns momentos longos, pus-me a refletir que carreira poderia seguir se rompesse com a igreja, pensei fazer um teste vocacional, mas não me interessei de fato. As perspectivas não eram animadoras, havia recessão econômica, as realidades salariais eram limitadas, não pude ambicionar nenhuma carreira profissional que realmente me dissesse algo, nenhuma me entusiasmou. Se deitasse para trás esses episódios da história, se fizesse um pequeno esforço, teria todas as ferramentas e suportes necessários para uma carreira vitoriosa. Pesei as prioridades e toda essa discussão sobre o passado, parecia coisa superada, pelo menos, esperava que sim. Não poderia viver com essa dúvida, tive que escolher. Se optasse por essa verdade, teria que, por obrigatoriedade, renunciar a tudo e deixar claro ao meu pai que cairia na apostasia, além de perder o apoio considerável, teria que arcar com as consequências do ato de rebeldia.

Tinha uma carreira pela frente e não queria pensar sobre verdades ou mentiras, precisava determinar prioridades, estava inserido no escopo da ideia, tinha absoluta intimidade com a rotina de trabalho, um projeto de família a dar continuidade e tomar por herança o que meu pai fundou, um negócio que sabia gerir. O que mais poderia eu desenvolver com habilidade e ter um lucro? A igreja somente me interessava do ponto de vista operacional.

A verdade é um ponto de vista. Se no passado erramos, isso já não era problema nosso. Naquele momento, devia pensar na minha família. Agora tinha filhos, uma esposa e um emprego garantido. Porque me importaria? Assim vali-me do meu curso, usei o meu diploma e tomei o que era meu por direito na igreja. Com isso, garanti o sustento da família.

Decidido a não atrapalhar os negócios da família, observei obsequioso silêncio, oportuno e elegante, que mantive até aos meus dias atuais.

II

Algumas pessoas são importantes, e outras, são imprescindíveis. Destas últimas, não poderia contar a história da igreja sem mencionar Dª Alda e Seu Eustáquio, ambos determinados ao ministério religioso, pondo sempre as suas habilidades ao dispor da casa de Deus.

Quando ainda éramos uma congregação pobre e de serviços modestos prestados à comunidade ávida por oração e fraternidade, eu ainda era um menino. Sem opção aparente, era levado pelos meus pais, assim como os meus colegas de culto, a frequentar a escola bíblica, a que chamávamos a "escolinha", que dentro do possível e dadas as limitações internas de espaço, situava-se numa salinha improvisada na parte de trás da igreja onde as crianças da comunidade iniciavam as suas vidas de cristãos. Também tínhamos um grande quintal onde, abstraídos do culto, brincávamos, subíamos árvores e nos divertíamos, desfrutando da inocência da infância.

Tínhamos uma professora com excecional e intuitiva pedagogia. Contava-nos episódios da mitologia bíblica (ainda que os irmãos não gostem, se trata de mitologia sim), enquanto desenhávamos os nossos heróis da época, sempre personagens bíblicos marcantes que inundavam a nossa imaginação com as suas histórias inacreditáveis. Dª Alda encarregava-se de entreter e educar as crianças que futuramente seriam peças-chave no desenlace da igreja. Com efeito, fazia-o com maestria. Com toda a habilidade de uma professora que dá os primeiros passos às crianças, narrava Sodoma e Gomorra, a história terrível destas pecaminosas cidades sem elucidar a libertinagem reinante e sem os pormenores ilícitos aos pequenos que a ouviam com uma atenção legítima. Até mesmo, a pobre mulher transformada em estátua de sal, dizia-nos que era possível visitar essa estátua no mesmo local onde tiveram fim as transgressoras cidades, e nós ficávamos encantados com as provas da verdadeira existência desses acontecimentos que sustentavam a fé dos crentes. Eu adorava ver tantas provas da fé. Como a história da arca de Noé que estaria estacionada no monte Ararate e críamos todos naquelas relíquias como verdades inexoráveis, posto que não discutíamos com ela e tudo vindo da sua boca era verossímil.

Certa vez, quando chegamos à escolinha, dependendo da hora do culto, realizava-se à noite, obviamente quando chovia, fazíamos a escolinha no pequeno anexo interno, abrigados do tempo, deparamo-nos com uma outra "irmã" da igreja. Uma moça jovem que veio substituir a D. Alda. A menina até era esforçada, mas não tendo tido acesso à dinâmica das aulas, teoricamente nós é que orientávamos a lição, já que sabíamos de todo o procedimento. Mesmo em nossa meninice, ficamos preocupados com a inédita ausência da Dª Alda, pois, o termo "ausente", não fazia parte de seu vocabulário. Nunca havia acontecido algo assim e logo alguma coisa de grave tomou conta do nosso imaginário. A bem da verdade, nessa noite, uma chuva torrencial caía aos borbotões, reverberando nas janelas o seu vento forte. O telhado de amianto não continha as águas e não isolava convenientemente o ambiente, deixando cair muita água para dentro da igreja.

No exato momento em que o meu pai abria o livro para a leitura inicial do texto bíblico que selecionara com antecedência, a porta principal da igreja, composta por duas portas de madeira grosseira, pintadas de azul e que se abriam de fora para dentro, escancararam-se soprando uma rajada fortíssima de vento que respingou chuva por cima dos ouvintes da palavra, Dª Alda estava ali. Todos se viraram para ver o que se passava. Silenciou-se a assembleia e o culto. Completamente encharcada, com o vestido simples agarrado ao corpo, sustentando, pelo braço, um jovem conhecido da comunidade, disse em tom bem alto:

— Esse fugiu do aprisco, mas foi resgatado da boca do leão. "Em nome de Jesus!"

A intervenção foi seguida de intensa louvação e ovacionada pela bravura e dedicação. O meu pai, que havia interrompido o sermão, voltou-se para dar assistência a ovelha perdida que chegara à casa de Deus. O jovem em questão, aos farrapos e consumido pelo álcool e que nem era assim tão jovem, era Eustáquio. Um conhecido construtor, que muita casa havia erguido por ali e que seria o futuro construtor da nova igreja e da residência pastoral que nos daria conforto. Uma peça fundamental para o nosso templo. Todos o cumprimentaram e, decorridos os votos contumazes que se faz na aceitação de Cristo como o salvador, tornara-se um homem novo, entre lágrimas, os olhos mareados e visivelmente avermelhado pelo álcool e de expressão desorientada, parecia estar possuído, porém, dócil.

Para nós, ainda crianças, nada daquilo fazia muito sentido. Tudo era caricatural, especulávamos sobre o que se passava e alguns adultos diziam que o homem havia aceitado Jesus como seu salvador.

Eustáquio carregava em si a alcunha de "Seu" desde tenra idade, título honorífico que só os mais velhos recebiam, ganhou essa alcunha devido a sua responsabilidade e respeito de todos, impunha disciplina e ordem aos trabalhadores sob seu comando, alcançou notoriedade pela forma justa com que os tratava também por, desde cedo e ainda rapazola, dirigir a sua própria obra com habilidade e correção, era um construtor nato e não tardou a ser mestre em construção civil. Nunca estava indisposto, gozava de uma saúde de ferro, apesar das bebedeiras exageradas confiando nos dotes físicos, com os músculos fincados e amealhados na dura labuta da construção, via-se, quer por inveja quer por disposição, enfrentar rotineiras lutas de rua a que nunca fugia e quase sempre saía vencedor nos duelos. Agora, como ovelha do Senhor, dispusera-se em público ao juramento de afastar-se definitivamente das disputas arruaceiras, sempre regadas com enormes doses de álcool e agarrar-se-ia à sua habilidade laboral para manter a sua eficiência e o seu bom nome.

Mais tarde, casaria com uma membra da igreja, uma mulher de corpo rijo que lhe pusera algum juízo e lhe imputara enorme prole que sustenta com folga e sem luxos, não faltando com o pão a cada dia. Sua fama de mestre-de-obras, lapidada com esmero pelo tempo, levou outros jovens da mesma profissão à igreja e o saldo positivo da pescaria de fiéis da Dª Alda aumentou. Eustáquio, seu filho espiritual, agora convertido, trazia os seus trabalhadores ao altar de Deus, homens que a seu exemplo sacrificar-se-iam nos anos seguintes, domingos e folgas a construir em serviço devocional, o novo templo e a casa pastoral, feitos ao gosto do meu pai que lhe deu um desenho tosco, uma planta que, esmiuçada por ele, transformou-se numa casa ampla, feita com capricho. Palmo a palmo tornou-se mais espaçosa, melhor dividida, de estrutura bem orientada, os espaços ocupavam o terreno utilizando todo o potencial que este possuía, a construção superou todas expectativas e as novas instalações do culto enchiam-nos de orgulho.

Assim, Seu Eustáquio dividia sua vida, entre os canteiros de obra e as obrigações com a igreja, sendo fiel a ambas, era tido como um exemplo de cristão e chefe de família temente a Deus.

— O Senhor proverá! – Respondia a cada reivindicação da mulher com os olhos estáticos de fé renovada e, com o tempo, repetia a mesma frase a cada reclamação de mais um conforto aqui outro ali dos seus filhos agora crescidos. Nunca o questionavam em público, mantinha a unidade da família intacta segundo os preceitos de Deus.

Sempre chegava à casa envolto no orgulho dos humildes e no suave cheiro de cimento fresco, gostava de apresentar-se ao jantar com as botas sujas de cimento seco angariado no trabalho, botas idênticas às que usava para todos eventos sociais a que fosse, ainda que a família se vestisse com mais zelo, ele acostumado ao calçado de biqueira de aço, calçava aumentando a sua estatura. Levou anos a ceder à tentação dos privilégios, mas recentemente trajava ternos bem cortados.

Era rude e seco nos comentários, mas era admirado pela sinceridade e os seus dotes físicos, ereto, músculos protuberantes, cabelos crespos e forte compleição facial, ainda atraia os suspiros das moças na igreja e nas festas populares. Quando nos cumprimentava com as suas mãos calejadas, rijas, os dedos como ponteiros de ferro contrastavam com a suavidade das mãos de outros homens e discretamente gabava-se dizendo:

— Que mão suave! Parece veludo... – Esboçava um sorriso limitando-se a arquear os lábios que ameaçavam mostrar os dentes coisa que nunca dele se via.

Seu Eustáquio nunca se excedia, era simpático, mas não dado a gracejos ou gargalhadas, não obstante era compassivo e justo. Era um bom homem.

Passados anos, éramos todos adultos e a escolinha ficou como herança para os nossos filhos. Felizmente não tiveram que passar pelas dificuldades que passamos e receberam uma nova escolinha mais arejada e bem estruturada. As cadeiras coloridas com assentos de borracha que imitavam animais, as paredes coloridas pelos próprios alunos, com murais de temática religiosa e dispunham de uma televisão e um projetor comprado de segunda mão, que serviam para as elaboradas aulas que iriam fervilhar a imaginação das crianças com todas aquelas histórias contadas por Dª Alda, ainda líder do círculo de orações. A sua tarefa agora mais adiantada requeria uma atenção redobrada.

Era uma senhora que já começava a perder aquele ar jovial das garotas, as rugas ainda tênues marcavam ligeiramente o seu rosto, dando-lhe um aspecto mais austero, uma mulher forte de espírito e respeitada por todos. Nunca contraíra núpcias e errava muito pouco nas suas profecias, passou a vida inteira submetida aos dogmas religiosos dando uma contribuição singular ao desenvolvimento da igreja.

III

Encravada entre as montanhas e grandes fazendas de criação de gado, num ambiente de pureza e simplicidade, erguia-se o pequeno vilarejo onde nasceria a nossa orientadora espiritual e eterna professora. Essa região, pelo tipo específico de formação rochosa, era apta a escaladas, atraía um número interessante de alpinistas e turistas apreciadores de desportos de aventura. Com o passar dos anos, incrementou a receita financeira do distrito, obrigando o Estado a facilitar o acesso da população às comodidades da vida moderna.

O início da construção da estrada mudaria para sempre a vida naquelas paragens, uma linha de aproximadamente 12 metros de largura redesenhava o entorno e cobria de alcatrão as encostas, serpenteando os montes e aproximava o conforto da vida moderna das grandes cidades. Os técnicos do governo instalaram os postes e fizeram as conexões elétricas, todos haviam testemunhado, um verdadeiro luxo naquele distrito, não obstante o vilarejo passou a possuir rede de eletricidade, porém deficiente e dispendiosa. A vida no campo era rodeada da áurea mística que permeia esses espaços exuberantes, pois a natureza possuía tantos atrativos, havia vida em abundância, quer nos rios quer nas matas, quer nas relações humanas, o que tornava a inexistência da eletricidade absolutamente superável.

Maria, mãe de Dª Alda, sentira dores lancinantes, dores de parto, era o primeiro rebento da numerosa prole que se seguiria. Naquele dia de início de inverno, que começava a bafejar o vento frio e soturno, Maria pousou a enxada encostando-a numa árvore pequena, onde de antemão apoiara-se, tinha a vista um pouco turva, deslizou as mãos no tronco pequeno e seco da goiabeira, suava um suor frio e sentou-se porque já lhe bambeavam as pernas. Largou as tarefas da roça que fazia escondida do marido enquanto este trabalhava a terra do outro lado da propriedade, terra fértil, cuja hercúlea tarefa a força cultivava sozinho.

Antunes, homem do campo e vário na capacidade, arranjava aqui um curral, ali uma cerca, construíra a estrebaria e o celeiro com as suas próprias mãos e gostava de mencionar no pequeno armazém da cidade, quando saía para comprar o essencial, que reformara a casa antiga e o anexo, agora transformado numa oficina onde guardava ferramentas e consertava as suas peças. Diziam que no passado havia ali uma senzala, exatamente onde Antunes construíra a oficina, que depois de muito regatear, aproveitara o desconto pela venda do assombrado imóvel e o comprara. Passou longos períodos liquidando a dívida já assinada de promessa de compra e venda para garantir o imóvel, por vezes quitava alguma promissória e assim que se casou com Maria, finalizou a compra.

— Escritura e recibo lavrados em cartório com todas as dimensões devidamente assinaladas... – repetia sempre orgulhosamente, que assim arrematara a fazendola a preço módico.

A propriedade tinha fama de assombrada, onde, em inesperado dia, os escravos cansados de sofrimento e agonia tomaram a fazenda de assalto chacinando os antigos donos e festejaram gozando da liberdade que em vida lhes fora negada.

— Bobagem! – Dizia aos que lhe perguntavam como conseguia viver numa fazenda assombrada. Ria e dizia que era bom que pensassem assim, pois isso mantinha grileiros afastados da terra.

Os outros que circulavam pela fazenda, a seu convite ou de Maria, confirmavam a fama de assombração com testemunhos de sons e gritos estridentes ouvidos pela madrugada, sons sinistros que Antunes, pai de Dª Alda, confortava os visitantes dizendo se tratar de cachorros e porcos selvagens existentes nas matas anexas à propriedade. Após insistentes manifestações e a pedido de Maria, que tremia de medo dos assombramentos, decidiu que daria um fim àquilo e fê-lo de próprio punho. Desativou a oficina e reconstruiu-a mais afastada da antiga senzala. A despeito da descrença dele, os gritos fantasmagóricos e a sensação indesejável de ser observado desapareceram. Maria, exemplo dos católicos mais fervorosos da região onde a confissão romana é hegemônica, tinha certeza que as almas dos escravos estavam em paz e que deviam ficar assim. Vendo Antunes o bem-estar que proporcionou a desativação da senzala, pelo sim ou pelo não, temente a Deus e mariano de fama nas procissões e quermesses, restaurou a paz na fazenda com a anuência do padre e decidiu não incomodar as almas dos pretos. O que foi apoiado e elogiado pelos vizinhos das regiões mais distantes, que acreditavam que a política de boa vizinhança com os mortos era um sinal de que a fazenda iria prosperar, o que aconteceria nos anos seguintes.

Maria pediu a intercessão da Virgem Santíssima no seu parto. Pediu também que a prima viesse ajudá-la e ficasse com ela nos últimos meses da gravidez. A prima, boa samaritana, não só veio ajudá-la nas tarefas domésticas como convenceu o padre Esteves a participar à comunidade que Maria e Antunes precisavam da assistência de algum irmão ou irmã da igreja nas diversas atividades da fazenda. Dada a resistência de Antunes em receber ajuda, o padre Esteves fê-lo sem consulta prévia e a iniciativa foi bem-sucedida. Antunes agradecia sempre a acolhida dos irmãos paroquianos, mas declinava de ajuda mais sistemática.

— Não é por orgulho, mas o caso é que não tem precisão... – Repetia para os insistentes samaritanos, principalmente nas missas e nos serviços religiosos, ao qual acorria com frequência.

Naquela tarde, ardia no fogão a lenha a panela de caldo verde que deixava no ar o cheiro inebriante da comida que a sua prima preparava com talento, servido com chouriço e costelinhas de porco.

— Comida pra dar sustância! – Dizia a prima e ria.

Maria, teimosa, insistia em lavrar a terra contrariando o conselho médico e que foi até onde as suas forças suportaram, irrompeu, vacilante na entrada da cozinha e parando à porta quase a desfalecer, chamou pela prima, que vendo a sua feição pálida e a mão apoiando a barriga, atravessou a cozinha num só passo e conduziu-a à saleta mais próxima acomodando-a na poltrona.

Saiu desembestada para chamar Antunes e encontrou-o descontraído dando relva às cabras. Estava naqueles momentos em que o homem do campo e os que meditam se assemelham, um olhar apático e aparentemente desconectado, absorto no seu mundo. E, antes de agarrar em mais um punhado de capim para dar às cabras, a prima deteve-o. Agarrando-o com força, disparou os recados desesperados que a parturiente lhe dera e que atrapalhadamente gravara, "chamar a parteira com urgência, a criança iria nascer antes do pôr do sol" e correu imediatamente de volta para assessorar o parto, parando aos pés de Maria sem fôlego pela correria desenfreada. Recuperado o ar, preparou a água quente e as toalhas limpas que seriam usadas no parto.

Antunes, cujo nervosismo e entusiasmo contagiou a todos, mobilizou a vizinhança que chegara com um séquito de pessoas para ajudar, até padre Esteves veio.

A velha parteira da vila uma senhora rija, de mãos firmes e calejadas, segura de si e experiente ao extremo, era também "rezadeira" dessas que havia naquela altura, rezadeira de grande êxito, com fama de milagreira, gozava de maior reputação do que a do médico da cidade cuja disponibilidade era rara.

Já ao cair do dia, quando a escuridão absorvia tudo ao redor, iluminado por archotes os homens, quase todos, apoiavam-se uns aos outros e resumiram a sua ajuda de apoio moral com vinho tinto, pão e queijo curado servidos com abundância.

O parto estava demorado, com o muito falatório das mulheres que assistiam à operação, não era um bom sinal. Tudo que tem muito debate é porque não funciona como deve ser. A parteira apelou ajuda aos seus guias, pois a criança resistia ao nascimento. Cada um com a sua fé fazia a sua petição, balbuciando palavras em tom de lamento. Vendo que a batalha já ia longe demais, o padre Esteves aproximou-se de Antunes e disse:

— Vá lá dentro filho. Talvez a criança precise de você para nascer.

Antunes ficou poucos segundos tentando entender o que o padre queria dizer com aquilo. Tudo estava um pouco confuso, porém sentiu a mensagem e isso era mais importante do que compreendê-la, assentiu meneando levemente a cabeça, acomodou a caneca de vinho tinto no chão e entrou no quarto sob o olhar de grande expectativa.

O silêncio foi rasgado pelo choro estridente e entrecortado da criança e, passados alguns minutos, Antunes agarrava-a entre os braços, junto ao peito, o bebê de olhos semiabertos que ele não escondia a decepção do seu primogénito ser uma menina, mas a felicidade de ser pai e a alegria reinante no ambiente fê-lo render-se. Deu uma volta imaginária pelo casarão antigo bailando uma valsa sem música com a criança no colo, onde todos assistiam graças à luz dos lampiões que iluminavam os imensos espaços... só o som abafado de um choro de alegria fê-lo regressar ao mundo real. Maria não continha as lágrimas, ao mesmo tempo que esboçava um sorriso orgulhoso de ter gerado uma menina forte e saudável. Ouvira a parteira dizer que agora os caminhos estavam abertos para uma numerosa prole, antes de partir, olhou com carinho para Maria e perguntou:

— Como se chamará a criança?

Maria olhou para ela grata pela dedicação e paciência e respondeu:

— Alda!

A parteira emocionou-se já que tinha o mesmo nome. Redarguiu:

— Não precisa menina, para quê tanta honra?

— Faço questão. – Disse Maria.

Antunes convidou todos para uma festa de boas-vindas ao primeiro dos filhos. Mataria um bezerro e a Sra. Alda, a parteira, seria a sua convidada de honra. Nada foi poupado. Um festejo imenso de um dia inteiro, regado de aguardente e vinho, com muita carne, feijão, arroz, bolos, tortas, tudo em abundância. Coisa que se foi repetindo ao longo dos anos, dado que a produção de filhos de Maria se estendeu quase como se se tratasse de um ofício.

Com o passar dos anos, Alda crescia em formosura e inteligência, prometida ao serviço religioso pelos seus progenitores marianos, a sua vida no convento parecia fadada a ser realizada inexoravelmente. Ao tornar-se maior de idade e não aceitando algum pretendente dos muitos que a cortejavam, quis a jovem estudar na capital. Passou dias a manifestar o interesse e foi concretizando a ideia, quebrando qualquer objeção de informações. Sabia-as todas, desde os custos com o aluguer de um quarto até aos de alimentação e de transporte, livros, lazer, enfim... graças à crescente prosperidade da fazenda dos seus pais e para agradá-la, já que era a única menina da família, foi possível financiar os seus projetos.

Os estudos corriam bem, regularmente eram enviadas as notas escolares, demonstrando à família que era de uma inteligência incomum, brilhante. Pouco a pouco foi deixando de enviar cartas e os telefonemas eram cada vez mais raros. Os inúmeros convites dos rapazes para sair nos típicos folguedos de juventude eram descartados pela moça que era dada aos serões de oração e alimentados por uma fé na Virgem Mãe Santíssima, o amor maior de sua vida. Recorria célere ao terço que escorria pelos dedos, as laterais das contas, ligeiramente machucadas pelo hábito de deslizarem sempre na mesma superfície, criaram pequenos sulcos testemunhando a frequência das orações.

Antes de completar os vinte e um anos, a maioridade judicial e absoluta, Alda ligou para a fazenda, que agora dispunha dos recursos tecnológicos abrangentes da cidade, dizendo que era seu desejo passar esse aniversário com a sua família.

Como de costume, Antunes ficou feliz e disse que mandaria preparar a maior festa que a fazenda alguma vez tivera. Separaria o seu melhor boi e encomendaria as bebidas aos pequenos produtores que começavam a crescer na região. O então vilarejo, agora transformado em pequena cidade, desenvolvia-se beneficiado dos serviços elétricos do estado e dos privados, otimizando os seus negócios e aproximando-a das grandes metrópoles. Coisa que com os anos, invariavelmente, os camponeses iriam perceber que o custo do tal progresso é a morte lenta destituída de ambições honestas.

Uma vez que a menina nascera no inverno, data que culminava com a celebração das festas dos santos, todos os habitantes locais e das vizinhanças se empenhariam em preparar a recepção da jovem, que lhes era muito querida e conhecida.

Em uma reveladora chamada telefónica para casa, Alda, na alegria normal da sua idade, anunciou à mãe que iria fazer uma grande revelação e comunicar uma decisão que tomara pondo a casa em polvorosa. Que decisão seria essa? O pai acreditava que sua filha tivesse encontrado algum pretendente que lhe arrebatara o coração. A mãe, por sua vez, mais devota que o comum dos mortais, sentia no fundo da sua alma que ela revelaria a sua entrada permanente no convento conforme prometera a Virgem Santíssima, e os dados foram lançados.

Não contendo a ansiedade de tamanha revelação, poucos dias antes da viagem, Alda voltou a ligar para a mãe.

— Mãe? – Pergunta tensa a menina.

— Sim minha filha. – Respondeu Maria já com a voz entrecortada de choro preso na garganta.

— Deixe-me falar. O pai está aí? – Perguntou a menina.

— Sim, minha filha. Está aqui do meu lado... Fala logo menina, deixa-te de rodeio... – Disse a mãe aflita.

— Mãe, – disse ela após alguns segundos – tive um encontro com Deus!

Enxugando as lágrimas, Dª Maria olhou por cima do ombro para Antunes. Entreolharam-se, brindaram com os olhos a consolidação da vitória, todas as suas preces haviam sido escutadas. Sacudida com entusiasmo por Antunes, segurou-lhe a mão que lhe apertava gentilmente o ombro e a puxou-a com mais força ainda contra o próprio corpo, respirou fundo e ela disse:

— Que bom, minha filha, diz logo bendita seja Nossa Senhora.

— Tive um encontro e foi maravilhoso. Converti-me! – Disse gaguejando.

— O quê? – Perguntou Dª Maria passando a mão direita nervosamente pelo rosto e enxugando as lágrimas.

Arregalou os olhos ainda atônita, procurando reorganizar o sistema mental que acabara de ser alvo de um imprevisto e acelerou a fala quando percebeu que iria ser interrompida novamente.

— Como assim, converteste-te? Tu não...

Nesse instante vislumbrou pela primeira vez o que poderia ser uma verdadeira tragédia, a conversa da filha, o tom e os chavões que usava. Desconfiada que algo estava errado, ainda de boca cerrada, emitiu um pequeno grunhido.

Alda retomou a confissão.

— Sim, mãe! Tive um sonho revelador. Não é maravilhoso? Aceitei Jesus.

O ainda incipiente, porém, crescente movimento pentecostal, criava seus próprios costumes e como é natural, criou-se também uma linguagem diferenciada que prontamente os identificava, obviamente a sua mãe percebendo a orientação religiosa que a filha havia adotado, fê-la perceber o tamanho constrangimento que essa sua decisão traria. A eterna rivalidade entre os evangélicos e os católicos teria um desenlace negativo para ela ter a sua própria filha do lado deles, do lado dos "crentes" com toda a conotação pejorativa. Naquele momento, passaram pela sua mente todos os momentos vexatórios por que passaria com essa revelação. Maria pensou na vergonha, no vexame, na desonra e toda a sorte de inconvenientes e sentiu-se mal.

Largou o telefone antes que a filha pudesse contar o sonho e caminhou trêmula e vacilante até a porta. Antunes sustentou-a nos braços antes que desfalecesse, tomou-a no colo apertou o corpo sobre o seu e carregou-a até sofá. Arrumou um punhado de travesseiros que viviam espalhados pela casa e debruçou-se sobre a esposa e lhe secou o rosto. Curioso e perplexo com as feições de Maria, queria perguntar-lhe o conteúdo da conversa, mas, sabedor da verdade, também agora temia que lhe ocorresse o mesmo, entrasse em choque, depressão, ou coisa que valha. Homem valente e desbravador, poucas coisas temeu na vida, salvo o efeito devastador que tomou de assalto o coração da amada esposa. Via-se a olhos nus o declínio físico e mental dela, no rosto ficou a palidez, nos olhos um desespero roubou-lhe o brilho.

Já no quarto, foram necessários uns valentes minutos até Maria refazer-se, levantou-se tão prontamente quanto desmaiara. Respirou profundamente, enrolou no pescoço o fino chale que fazia de véu quando os pudores da igreja aconselhavam, tomou o terço como se empunhasse uma arma e foi ao encontro do marido com firmeza. Parou diante de Antunes, com a voz ligeiramente abafada, forçando a garganta a não denunciar o choro preso, pôs-se a contar a nefasta surpresa. Maria relatou a tamanha traição que sua própria filha cometera contra a Virgem Santíssima e a vergonha que teriam ao ter que explicar, nos intervalos da missa, o que deu à menina Alda para abandonar a fé, além do remorso de a ter deixado ir para a cidade. Em Antunes, sobrevieram os mesmos sinais de estafa que atacou a esposa, o mesmo nó na garganta, o mesmo mal-estar, apenas a sua imensa força física poderia salvá-lo e, pelas próprias pernas, arrastou-se e recostou ouvindo sem nada responder, tentava entender sem o conseguir. Antunes adoeceu.

Alda soube que a festa fora cancelada, de modo que nunca mais esteve com a família. Convencida a não declinar da sua fé, aceitou o desafio e viveu só. Solteira, uma vida espartana com a desenvoltura natural dos religiosos de fé e coração genuínos, coisa rara nos nossos dias. Fez de sua vida um relicário vivo na eterna luta do espírito contra os fantasmas da carne que nos empurram os instintos e as necessidades naturais do corpo. Mas, o seu coração que ardia uma febre santa foi consagrado a Deus.

IV

Dª Alda, vidente e profetiza, agora já uma senhora conservada, dada a natureza frugal em que vivia, pouco errava nas suas previsões, discreta e participativa, tornou-se a reserva moral da comunidade.

O culto de Ação de Graças se iniciou exatamente pela inauguração do templo novo, marcando a presença na primeira fila da congregação atuante, ainda que diminuta. Destacavam-se o Seu Eustáquio e a numerosa família, Breno, o jovem e talentoso músico da igreja e sua noiva, eu e minha família. Nas filas seguintes, sentaram-se os restantes convidados, de modo que na inauguração o salão estava repleto, admiravelmente cheio. A pregação, como não poderia deixar de ser, foi preparada pelo meu pai, uma parábola de Jesus que falava de um homem sensato que fortificou a sua casa e a construiu sobre uma rocha sólida, além da inevitável comparação com aquele que constrói sob fracos alicerces, a moral da história, todos a conhecem.

Antes de concluir a passagem obrigatória nas inaugurações de templos e capelas, levantou-se Dª Alda, cuja força do espírito fizera o meu pai parar e levar a atenção de toda a assembleia. Pôs-se a falar numa língua estranha e a sonoridade da fala tinha ritmo e soava equilibrada e coerente. Não era aquele palavrório comum das histerias das massas que se ladra alvoroçadamente sem distinguir o valor do que se fala, ficando o tema oculto, mas um segredo velado entre aquele que fala e aquele que finge compreender. Desta vez, o contrário, ao ter-se levantado, obrigou sob a égide de sua envergadura moral, o silêncio de toda a assembleia. Havia um enigmático ritmo que a todos parecia uma linguagem oculta absorvida por um mistério insondável. Depois de alguns minutos, perante o sepulcral silêncio, Dª Alda abriu os olhos e fitando todos disse em voz solene:

— O pastor – apontando o indicador para meu pai – irá para o seio do Senhor. “Bendito seja seu nome para sempre!” Mas o Senhor está a preparar um homem para suprir a obra no dia da partida do reverendo. O escolhido será marcado para que ninguém conteste os desígnios misteriosos do Pai. – Dito isto, sentou-se lentamente e pôs-se a repetir uma inaudível oração.

O peso de sua espetacular reputação e a sentença proferida fez meu pai, até então uma fortaleza, desabar. O velho reverendo pôs as mãos sobre o rosto e chorou acatando a sentença promulgada pelo anjo do Senhor que usou a boca abençoada da profetiza. Abraçou a todos envoltos em um silêncio perturbador e dava para ouvir os passos lentos dos que vinham em sua direção para consolá-lo. Amparado pelos obreiros, desceu do púlpito e foi cumprimentado por todos, em obsequioso gesto de verdade incontestada.

Não conseguiu terminar o culto, sendo substituído por José de Almeida, um presbítero que nunca o havia visto assumir coisa alguma naquela igreja. Era discreto, obreiro, servia em qualquer posição de bom grado, veio de um ambiente onde o pentecostalismo é tão omnipotente quanto Deus, mesmo disciplinado como era e treinado em controlar as emoções, acabou terminando o culto de forma abrupta, não tendo outro remédio, tamanha era a comoção causada pela reação do meu pai.

Nunca vira o meu pai abalado daquela forma. Mas, as palavras da profetiza o feriram de morte. Pela primeira vez havia um leve sorriso no severo rosto de Seu Eustáquio por agora estar aberta a sucessão, uma fagulha de ambição se apoderara do homem de poucas palavras, mesmo calado, em consideração ao pastor por quem nutria um respeito paterno, alimentava alguma coisa em seu espírito, mas era um desejo impronunciável, porém, para ascender ao púlpito, o reverendo teria que morrer primeiro, para além da deselegância de almejar um posto assim, seria como brigar por herança de vivos.

Dª Alda, sem falar com ninguém, envolta na auréola de santidade de quem acaba de receber uma mensagem sagrada e usada por aqueles que assistem no trono de Deus, saiu sem alarde, deixando na assembleia uma sensação bizarra, manifestando nos mais chegados ao pastor um sentimento estranho. Aquelas palavras riscaram a igreja para sempre, despertando em alguns membros um desejo nascente obscuro de substituir o reverendo, ainda que o saldo da igreja não fosse lá essas coisas, havia a promessa de Deus, o que significava, a grosso modo, a inevitável prosperidade.

Nessa época, os boatos e as verdades do mundo gospel circulavam por todas as igrejas a grande velocidade. Estávamos a viver um grande crescimento do movimento pentecostal. Fomos completamente arrebatados pelas pregações das emissões televisivas dos evangelistas americanos. Naquela correlação entre a fortuna e a graça de Deus, o enredo de fazer do discurso da prosperidade o nosso carro chefe era sedutor.

Particularmente, acho uma bobagem. Não entendo como um Deus de bondade e justo poderia distribuir tão mal a tal prosperidade. Com efeito, se essa chamada doutrina da teologia da prosperidade viesse de Deus, como seria possível que o próprio Jesus tivesse dito, em tom de ordem direta, aos apóstolos para que não carregassem nem ouro e nem prata? E agora, o mesmo Jesus estaria oferecendo pactos financeiros e fazendo barganha com os fiéis, prosperando os que enchem os nossos cofres e disseminando dificuldades para os que não contribuem?

Entretanto, as vantagens da ideia de uma teologia da prosperidade eram muitas, encaixava com exatidão nos tempos modernos, sofisticada, envolvente e o povo precisava de algo mais consistente. O apelo às contribuições era muito mais fácil, quase obrigava o fiel a doar. Quanto mais ele se sacrificasse, maior seria a sua recompensa. Sacrificar era o mesmo que doar à igreja. Criar fundamentos para uma ideia nova requeria muita semântica e não tardamos a construí-la.

Muita coisa melhorou desde então. A teologia da prosperidade veio para contribuir, ou melhor, veio para otimizar os serviços e a arrecadação de fundos e abrir portas. Pôr o fiel sob a sua própria responsabilidade de ter ou não prosperidade na sua vida, dependendo apenas da fé e de ser generoso nas ofertas para a casa de Deus.

Do mesmo modo, brotaram nos fiéis sentimentos inferiores de cobiça e começaram a dar vazão a desejos ordinários. Muita coisa começou a ficar em jogo e, aos poucos, os cochichos começaram a romper o silêncio.

Aquela sucessão que parecia incerta, era delicada, uma vez que aquele que se apresentasse com franqueza, abertamente, implicaria uma vontade, ainda que velada, de ver a morte do reverendo, já que o cargo ficaria a disposição somente com a morte de meu pai.

As pretensões começaram de forma sutil, culto após culto. Nas pausas, a conversa em torno da sucessão ganhava mais ânimo do que o ofício religioso, ora apontando suas próprias qualidades inatas, ora disfarçando o desejo oculto das verdadeiras intenções, quase todos os possíveis candidatos se autopromoviam. Às vezes, para encenar um desinteresse nisso, pediam às esposas para promovê-los em conversas paralelas com outras irmãs nos intervalos do culto, arrumando um jeito de encaixar no diálogo um meio de elogiar os atributos do marido ou vocação do filho. Se alguém desconfiasse da propaganda, negavam sempre e para argumentar contra a ideia, entre sucessivos e curtos nãos, apontavam até e com certa veemência, a árdua tarefa de pastorear.

— Ser pastor não é fácil não! – Ouvia-se sempre o comentário do falso desinteressado, apelando para expressões faciais, torcendo os lábios para negar o desejo soberbo do governo da igreja, deixando velada a pretensão ao cargo ainda ocupado.

Das conversas das irmãs da igreja nasciam os candidatos secretos ao pastoreio. Inclusive, tendo algumas mulheres, o desplante de relatar à boca miúda os dotes sexuais do cônjuge, que isso valha alguma coisa não sabemos, mas, a escalada ao cargo sucedia desta forma nos bastidores, nos cafés e nas reuniões informais. Quando apresentado por algum irmão, o quanto indesejável seria a morte do reverendo, o candidato em plena campanha informal desconversava e saindo pela tangente vinha com aquele discurso que não queria nada e nunca havia pensado nisso, mas, que se fosse a vontade de Deus quem seria tolo a negar. E finalizavam com sorrisos estúpidos. Ferindo assim a ética e os bons modos. Acostumamo-nos a aguentar os sorrisos sórdidos e as desculpas.

Um dia, um irmão egresso do mundo das drogas, que ainda guardava os trejeitos que os adictos não perdem com facilidade, digo sobre os cacoetes e aquele jeito sempre desequilibrado, contou-me que ouviu um discurso de campanha de um outro irmão que não conseguiu esconder o desejo de pastorear a igreja e, vendo o desfecho circense da situação, dissera:

— Pronto, está aberta a sucessão! – Finalizou estendendo as mãos em direção ao público imitando o gesto comum de um político em campanha. E de fato estava mesmo. Apresentar-se à sucessão era o mesmo que sub-repticiamente assumir um certo desejo de ver o reverendo morto e isso era crueldade até mesmo para concorrentes a um mesmo cargo.

O tempo foi passando e desde a funesta sentença, o Pastor Genésio nunca mais foi o mesmo. A sua autoconfiança decaiu como a de um condenado, o que na verdade o era. A minha mãe, cujos ressentimentos para com ele foram driblados na ponta da faca no estrito dever espiritual e agora vendo a decadência do marido que em via de regra era boa pessoa, consolava-o afagando os seus cabelos esbranquiçados e fitava-o nos olhos pedindo que depositassem as esperanças em Deus. Podemos resumir nisso, a maior expressão de carinho da minha mãe para com ele.

A congregação, que aumentara o número de membros, permanecia impaciente, pois a morte do líder e fundador da igreja mudaria tudo. Ademais da forte presença espiritual de meu pai e o seu carisma, a reputação de Dª Alda estava em jogo enquanto profetiza, os irmãos chegavam ao descalabro de não darem tanta importância ao que ela previa, ficando as suas palavras proféticas sempre acompanhadas de um ou outro "amém", "aleluia" e por aí adiante. A demora na conclusão das profecias maculou lentamente a sua reputação de clarividente. Questionar a profetiza e a profecia incorria-se em dois riscos sérios, primeiro poderiam estar a questionar o próprio Deus, já que ele é o suposto autor da mensagem que a profetiza transmitiu, e o segundo, menos grave, mas igualmente grosseiro, seria cobrar o cumprimento da profecia na qual a anátema era a morte do pastor.

O congresso da mocidade se aproximava e não tardou para que os jovens da igreja, nas suas exibições naturais, apontassem os seus líderes iminentes. Uns músicos talentosos não se furtavam a apresentarem acordes complexos demonstrando os dotes artísticos, outros com o dom da palavra conversavam em tom de pregoeiro, citando aqui e acolá uns versículos, nem tanto para elucidarem os seus argumentos, mas para destacarem-se como conhecedores da palavra e arrancarem de dentro de suas habilidades os suspiros das moçoilas que se detinham entre outros atributos, aos corpos bem torneados, aos possíveis parceiros amorosos...

A eles, elas seduziam ou pelo menos tentavam, exibindo as pernas e igualmente os contornos dos corpos granjeados pelos decotes comportados que emolduravam os seios rijos, que no calor da recente descoberta dos apetites avassaladores do sexo e na idade famigerada pela ebulição das hormonas, mesclavam fervor religioso e revolução hormonal e dessa fusão explosiva surgiam certos disparates. Nada que o bom senso não coibisse namoros mais quentes, viagens em grupos de jovens da comunidade, cujo fulgor fazia-os exceder com absoluta certeza, o que era sempre negado pelos suspeitos.

Viver da igreja, ter um emprego no mundo gospel, compartilhar de um projeto rentável, acendeu naquele grupo uma cobiça de outra natureza. Viabilizaram a música como um negócio lucrativo, assim, os jovens cada vez mais atuantes nos quadros da crescente igreja, criaram na própria dinâmica das atuações coletivas os seus líderes. Destacados membros viam-se como o típico exemplo para a raça humana, e começaram a almejar alcançar destaque na disputa do posto do governo da igreja recorrendo ao mesmo expediente dos mais velhos, anunciando seus dotes e velando sob intenso descaramento os seus objetivos.

Pastor Genésio, cansado de acabrunhar-se diante da profecia, resolveu ele mesmo tirar partido da sucessão. Depois de ter conquistado tantas coisas, de ter visto a construção da igreja surgir do chão, do esforço imenso de Seu Eustáquio em construí-la, assim como a casa pastoral onde todos crescemos e cuja funcionalidade era familiar. Revelou-nos em um jantar no qual dispensou a longa oração contumaz, fez um curto agradecimento e em seguida comunicou a sua resolução extraindo um sorriso imenso e brilhante de minha mãe, que fez trazer a alegria novamente à casa. Pesava sobre o meu pai e a casa um estranho sentimento, um certo arrebatamento, uma satisfação, gratidão pela vida que poder-se-ia perder em um piscar de olhos. Receosos pela possível realização da profecia, que todavia ainda não se cumprira, todos ficamos felizes em ver aquele velho homem de Deus retornar a falar em conquistas e vitórias.

Saído das suas meditações, ajeitou às pressas o pijama azul-marinho que vestia, parou no meio da sala e perscrutou cada palmo do ambiente à procura de um ouvinte para sua tese como era costume seu. Por sorte ou azar, eu estava a entrar na sala naquela hora e fui capturado para escutá-lo até ao fim da nova trama. A excitação dele era tamanha que apoiou as mãos, uma em cada ombro meu, e atrapalhadamente esboçou o que pensava. Seu plano era usar todo o seu carisma e autoridade para não perder o pequeno patrimônio da família e lançar-me-ia como candidato à sucessão.

Não demorou a pôr em execução a minha campanha, não perderia nem mais um momento para apresentar a minha candidatura oficialmente. Seguiria o exemplo dos do seu rebanho, falando sempre das minhas virtudes sacerdotais e da minha honestidade, chegando até a inventar um acontecimento aqui e outro ali no qual abria mão do proveito próprio para devolver um mísero centavo a quem quer que me desse um troco a mais ou indevidamente. Coisa de que não me lembrava de ter ocorrido antes. Na sua tentativa desesperada de manter os benefícios da família como um negócio particular, quebrou os protocolos mencionando sempre que eu tinha a formação teológica, o que me destacava sem dúvida, já que sendo uma congregação nascida de um bairro operário de periferia, um número muito diminuto da vizinhança possuía um portentoso título universitário. O pequeno quadro em preto e branco com o meu diploma de teologia emoldurava a parede da sala pastoral, delegando a primazia da igreja ao seu filho como herança. Claro que para assumir o púlpito e o seu governo ele teria que morrer primeiro, o que era para mim bizarro. Mesmo considerando a possibilidade.

A assembleia contestava continuamente a minha candidatura, muito polidamente é verdade, mas contestavam-na. A "assembleia" a que me refiro eram os candidatos secretos. As matronas, confiantes na superioridade moral do meu pai, apoiavam a nossa iniciativa, os outros alegavam imaturidade e inexperiência. Percebendo nesses encontros a resistência crescente ao intento, os que eram contra ao meu postulado apresentavam o termo da profecia no qual precisávamos de orar ao Espírito Santo, até porque essa decisão viria de Deus, argumento indefensável para o velho timoneiro.

V

Corriam os meses e a normalidade voltou ao seio da congregação. Mas, os novos recrutamentos recuaram em função da profecia não se haver cumprido, o que nos levou a uma encruzilhada.

Parecia que o crescimento da igreja estava diretamente ligado ao cumprimento das palavras cruamente pronunciadas naquela noite singular e era muito difícil para nós da família esperar que o desenlace estivesse realmente ligado à profecia e o pastor deveras dedicado à sua missão tivesse que morrer, ou ser arrebatado conforme o linguajar da profetiza, sem antes ver o êxito tão esperado das palavras de Deus.

Já entronizado na descrença, eu não esperava que os acontecimentos da tal noite fossem reais. Não esperava cumprimento de coisa alguma e planeava falar ao meu pai que deveríamos usar outra estratégia. Alguma história bem montada na qual outro profeta, contratado de terras distantes, encarnaria o mesmo recurso de Dª Alda e desfaria a profecia, salientando as virtudes das "prolongadas vigílias" dele e aproveitando para anunciar que o pastor deveria renunciar para dar lugar ao filho, o sucessor legítimo da obra da igreja. Dito assim, a palavra "igreja" sempre precedida da palavra "obra" – o que parece sem importância, mas, na verdade não é – as palavras não são inocentes. Somente "igreja" pressupõe imóvel, bens e emprego. No entanto, se for precedida por "obra", entendemos que há um trabalho duro, uma parte de esforço e a outra de dedicação. A palavra "obra" impõe mais respeito do que a palavra "igreja". Uma afugenta e outra atrai o preguiçoso. Obviamente, meu pai não aceitou a fraude.

Com a proximidade do acampamento de verão, Breno o músico, que a cada dia ganhava mais destaque nos ministérios da igreja, não se incomodava em acumular cargos.

— "Tudo para honra e glória do Senhor!" – Dizia o ambicioso rapaz a toda a mocidade da igreja, que eram poucos, porém um grupo atuante e motivado que apoiavam a sua liderança natural, fosse pelo seu talento de musicista, fosse pela sua inteligência. O fato é que o rapaz se projetava cada vez mais e não tardou a termos que detê-lo.

Pude assistir como se dava essa liderança do músico que fluía naturalmente. Os amigos rodeavam-no para o aconselhamento que necessitavam. Todos de alguma forma aguardavam o seu comando, isto, sem nenhum esforço de impor-se, embora Breno, bem como qualquer outro candidato, somente poderia tornar-se uma ameaça, caso submetêssemos a cadeira do reverendo a disposição através de voto direto. Uma intenção que nunca dar-se-ia sem garantias de vitória. Foi uma manhã desconcertante ver todo aquele potencial e imaginar que ao invés de usar tal fonte, poderia a ambição torná-lo um adversário. Preocupava-me essa possibilidade.

Não obstante, nesse dia, o meu pai havia manifestado um certo mal-estar e quis deitar-se um pouco em horário muito incomum, e antes de retirar-se do salão de culto, disse-me:

— Prepara-te! – Piscando o olho de uma forma que me chamou a atenção.

Tinha um tom de despedida, senti-o. Uma tristeza vazia abraçou-me e envolveu o meu corpo, lembrei que algo poderia acontecer ao velho e voltei para casa.

Quando lá cheguei, pude observar que tudo estava na mais perfeita normalidade. Sorri um sorriso forçado quando cruzei os olhos com o primeiro que vi, sem deixar transparecer a preocupação tola que tivera e fui para o meu quarto. Aproveitei rever alguns documentos e exorcizar aquele pensamento taciturno.

O meu pai dormia calmamente naquela manhã de céu avermelhado pela torrefação cada vez maior do sol, quando uma virada brusca do tempo, coisa comum nos trópicos, fez soprar uma brisa sudeste que anunciou chuva forte e lampejos de vento frio. A minha mãe prontificou-se a servir o marido, falou-lhe do cheiro de terra úmida que sobe quando a chuva lava o solo, sabia que ele gostava desse aroma, pois, às vezes, via-o fungando algum tipo de planta alegando que buscava sentir o cheiro da terra molhada. Quis lembrar-lhe algo benfazejo, beijou-lhe a testa em absoluto carinho e sussurrou que iria preparar o café como ele gostava, puro, forte, acompanhado com torradas e queijo. Ele sentiu o fôlego faltar-lhe, mas não fez alarde. Por essa altura, quando o cheiro do café começava a inundar a casa, respirava com dificuldade, já que começava a definhar nele essa capacidade, sentiu sonolência e voltou a adormecer.

Cerca de um quarto de hora depois, a minha mãe voltou ao quarto e ficou paralisada quando percebeu a branquidão quase espectral do marido. Chamou-o uma vez, duas vezes e deixou cair a bandeja no chão frio, respingos de café, torradas com queijo e estilhaços de vidro fino e cortante espalharam-se por toda a parte, ao mesmo tempo que ela deu um berro estridente que golpeou a casa inteira com o seu grito de morte. A aglomeração formou-se de imediato atrás dos ombros dela, seu corpo ficou atado ao marco da porta, vimos o corpo bambear e foi amparada por duas irmãs que lá estavam.

No meio do quarto, um ligeiro cheiro de jasmim, mas tudo na mais perfeita normalidade, pude ver as mãos do pastor Genésio cruzadas sobre o peito, ele mesmo o havia feito, esticou-se e preparou o corpo na postura dos defuntos, esperou a morte e partiu discretamente. A Bíblia de estudos acompanhada por um lápis curto e gasto estavam ao seu lado. A janela meia aberta fazia a cortina tremular como uma bandeira e soprava uma brisa no rosto do velho abanando levemente os cabelos brancos.

Minha mãe desequilibrou-se. A tristeza e o vazio gravaram-lhe a fronte, essas marcas dos percalços da vida estavam claras na sua face, nas pálpebras e, abaixo dos olhos, as rugas cavaram sulcos profundos deixando para sempre uma mancha escurecida que se via ao longe.

Os trâmites das exéquias, quem quer que tenha passado por isso sabe muito bem, demandam tempo, dinheiro e paciência. De modo que, o meu tempo estaria ocupado por inteiro.

No mesmo instante em que o hórrido quadro se apoderou de nossa família, do outro lado do bairro Seu Eustáquio aborreceu-se com os seus operários. Ele estava enraivecido com eles. Não se conformava de ver aquela gente jovem e saudável com medo de subir um andaime, não admitia vacilação e estava decidido a concluir a obra nesse dia, por isso não deixaria, ele próprio, de subir o andaime.

Gerson, que também era um membro de nossa igreja, cuja conversão foi inteiramente influenciada pela admiração ao chefe e por quem tinha grande consideração, pediu-lhe que não subisse alegando um bom motivo. Avisou-o que a forma como estava montado o andaime era perigosa e que não dispunham de equipamento adequado nesse momento. O melhor seria deixar para outro dia quando chegasse o material para a conclusão da obra.

Obviamente, depois de ter ralhado com os seus subordinados pela falta de coragem destes e de ter sido ele próprio a montar o andaime sem as devidas precauções, Eustáquio não podia recuar. O orgulho destemido forçou-o a dar o exemplo e agarrou-se às vigas de ferro da peça de apoio do andaime, que atravessava do início do terraço a outra extremidade da casa, numa linha em ligeiro declive. Era precisamente esse ponto que ameaça ruir a estrutura.

Todos pararam as suas tarefas a fim de ver o corajoso homem que ia subir pelo andaime. Ávido por cumprir o prazo estipulado que dera ao contratador do serviço, uma verdadeira obsessão em cumprir os acordos, tinha o jovem mestre. Contrariando as normas de segurança e decidido em dar uma lição de fibra aos operários, aprumou-se e iniciou a escalada.

Os primeiros passos foram imprecisos, as botas sujas e escorregadias do cimento fresco criavam maior dificuldade, mas a custo chegou à parte superior da estrutura. Já lá em cima, começou a andar lentamente pela prancha de madeira meio inclinada e escorregou. Agarrou-se a uma perna de alumínio que sustentava a prancha, mas o seu enorme peso fê-la ceder e foi justamente essa perna que soltando-se do resto do andaime desceu com ele numa altura superior a três metros. Bateu com a cabeça no chão. Houve correria e aflição em socorrer o mestre-de-obras, que apesar de seu temperamento mais áspero, era querido por todos. Queriam vê-lo vivo, não havia um só trabalhador daquela obra que não retivesse em sua mente algum momento de gratidão para com o chefe.

Os membros da congregação foram avisados do acidente e atabalhoados correram para o posto médico do bairro, que deveria ter encaminhado o acidentado a um hospital, se não fosse o tradicional problema da falta de ambulâncias e a superlotação dos hospitais. Entre ir ou não, os estapafúrdios episódios ocorreriam inteiramente no posto médico do bairro.

No início, os contatos estavam confusos. Todos os meios disponíveis foram utilizados. Um mensageiro veio à minha casa para avisar-nos do acidente do Seu Eustáquio, uma vez que o telefone lá de casa estava ocupado de forma intermitente, reservado exclusivamente aos contatos com as autoridades competentes e aos mais próximos que deveriam saber, mesmo antes dos membros da congregação, sobre o falecimento do pastor.

Os ocorridos sucederam-se no mesmo dia, quase que ao mesmo tempo, claro que todos viriam o cumprimento da inexorável profecia. A minha cabeça pululava de ideias, ora ressentido pela morte do meu pai, ora de olho no cumprimento da sentença profética.

Soube do acidente do Eustáquio assim que chegou de bicicleta o jovem mensageiro. Infelizmente estava num momento dramático e não dividi com nada a minha atenção. Confesso, entretanto, que um vento frio me percorreu a espinha quando recebi a mensagem. A profecia estava viva. O rosto moreno com aqueles olhos brilhantes e expressivos de Dª Alda assaltou a minha mente no dia da sentença. Permaneci na porta, meio absorto na visão do pronunciamento da profecia. Recebi o bilhete e vi sair às pressas o jovem de fato de treino levantando a sua bicicleta que estava deitada na entrada da casa pastoral. O recado, escrito com linhas irregulares e esferográfica barata, relatava o acidente e pedia a minha presença e da administração da igreja ao posto médico do bairro.

A rotina do posto de saúde tomara proporções circenses num entra e sai de membros da igreja, nas suas indumentárias inconfundíveis e portando cada um a sua Bíblia, denotando que algum membro destacado da comunidade evangélica estava ali a ser medicado e assistido. O fluxo de pessoas era tão grande que inspirou maiores cuidados com aquele homem que despertava tanto a atenção e que apesar de lúcido teve que ser sedado.

— Traumatismo craniano! – disse o diretor do posto médico. Um homem gordo de cabelos ensebados puxados para trás, que repetidamente com as mãos apertava-os nervosamente contra a cabeça e sacudindo-a negativamente para a turba, repetiu: – Traumatismo craniano!

Seguiu-se uma profusão de frases incompreensíveis do povo. Aqueles murmúrios de protestos, várias reivindicações, todos tentavam falar ao mesmo tempo, foi preciso serem contidos pelos guardas que, de imediato, isolaram a portaria das salas de emergência.

A figura corpulenta e obesa do diretor do posto surgiu no átrio. Não se sabe de onde surgia tanta gente, o fato é que se aglomeravam à porta cantando hinos e as louvações comuns, tratavam-se uns aos outros como irmãos sem o serem. Desvencilhando-se com dificuldade do público que acompanhava o paciente e de todos os demais, conteve-se e cedeu aos apelos, abriu os braços pedindo calma aos eufóricos visitantes dizendo que faria uma grande sutura na cabeça do acidentado só depois que baixasse a pressão no cérebro, e mais uma ou outra coisa, que como todo o palavreado médico, sempre deixa dúvidas por não ser decifrado corretamente. Explicou apressadamente outros procedimentos e disse que já pedira uma ambulância para que o paciente fosse transportado para o hospital. Retomou a algaravia. Vendo a situação tornar-se complicada e embaraçosa, a enfermeira inventando uma urgência, convocou o médico em apuros, que se foi pelo corredor e sumiu de vista.

No posto, ninguém sabia da morte do Pastor que sucedera quase em simultâneo ao funesto acontecimento do acidente de Seu Eustáquio e a multidão, alheia ao ocorrido, juntava-se em torno uns dos outros para saber o que estava a acontecer. Nesse movimento confuso, as pessoas reuniam-se e já corria entre elas a informação do cumprimento da profecia, já que o reverendo havia sido hospitalizado com falta de ar e pressão alta. Nada disso correspondia à verdade. Mesmo assim, os comentários foram sendo acrescidos de boatos ou de pura invencionice e ouvia-se dizer coisas como:

— É um profeta que teve um ataque cardíaco... – Diziam uns.

— É o pastor daquela igreja que pegou fogo...

— Parece que houve um milagre e os médicos envergonhados não aparecem para dar notícia...

— O homem é tão bom que juntou uma multidão para exigir cuidados especiais...

— Dizem que ele faz milagres de verdade...

Entretanto, o pastor-presidente, meu pai, já não participaria da maior demonstração de fé da sua igreja e os acontecimentos que desdobar-se-iam, a partir do acidente de Seu Eustáquio, concentravam-se onde a histérica turba se posicionava.

Em verdade, as pessoas já não cabiam nos átrios internos do posto médico, concentravam-se nas ruas próximas e as orações puxadas por algum membro da igreja levava a multidão às lágrimas, que orava e cantava, mesmo os curiosos. Em geral, evangélicos desviados, que nada sabiam a respeito, mas conheciam as músicas, também cantavam.

Toda a situação era absurda. Se do lado de fora a pressão por informações era grande, na parte interior do posto não era menor. Para dentro das portas da emergência estavam a esposa de Seu Eustáquio, os dois filhos mais velhos e alguns membros do conselho da igreja, que pressionavam os médicos a reagirem, faziam-no orando, sem muito alarde nem cantoria como os que aguardavam do lado de fora.

A imprensa gospel, reclamando cuidados para um certo líder religioso, informou os repórteres e manifestou a presença de alguns no local. Os jornalistas não resistiram à história do milagre e do mistério que envolvia o acidentado e atenderam ao chamado imediatamente.

Chegaram com os seus paramentos de rotina e alguns já se deslocavam com as câmaras para o meio do povo, tornando tudo mais difícil. Agora, eletrizados por um efeito bizarro pelo qual a televisão contagia as pessoas, o povo hipnotizado pela oportunidade de aparecer na televisão transformou o grupo todo em um único grupo de fiéis religiosos que zelavam pela saúde de um irmão. As informações fantásticas dos crentes e as outras ainda mais fantásticas que vinham de um contingente absolutamente desinformado, construíram o mito em torno de Seu Eustáquio, que aguardava a sua vez de subir à presença do Senhor.

Os repórteres, por sua vez, mais interessados em terem uma matéria do que propriamente relatar a verdade, perguntavam a todos os que se apresentavam a ter uma oportunidade de aparecerem no noticiário, a razão de tanto alarido e exatamente o que reivindicavam. Devidamente paramentados e identificados, os jornalistas esgueiravam-se e abriam caminho entre o povo, que se acotovelava para alcançar a entrada da emergência do posto, onde se encontrava o minúsculo grupo desesperado que realmente sabia do que se tratava e o acidentado que agora desacordado e pálido estava sendo preparado para pôr em marcha a sua transferência para o hospital mais próximo.

Naquele tumulto, não tardou a sair o primeiro dos assistentes de Seu Eustáquio. Apresentou-se um rapaz vestido de maneira simples, umas calças de ganga, t-shirt e tênis e vendo a multidão e os repórteres, ergueu as mãos pedindo o silêncio da turba ensandecida, esperançada por saber de fato quem estava ali e o que ocorrera, ajeitou os óculos e abrindo um sorriso franco, comentou assim:

— Eu sou amigo pessoal do Seu Eustáquio que sofreu um traumatismo craniano, mas que milagrosamente voltou do mundo dos mortos para dar testemunho que Jesus é o médico dos médicos! Ao que o povo respondeu com euforia.

A música de fundo subiu o tom pelas mãos dos músicos da igreja, que transformaram o evento num espetáculo improvisado com seus acordes e hinos. Um repórter de uma emissora gospel, na ânsia de dar o seu furo jornalístico, antecipou-se à confirmação dos médicos, e entrou no ar, em direto, ajustou o microfone e aos gritos adiantou o extraordinário acontecimento.

— Aqui, diretamente do posto médico de Santo Isidoro, um homem de Deus dá o seu testemunho de um milagre. Diz ter ressuscitado dos mortos. fato este confirmado pelos médicos que o atenderam – Pronto, a senha da loucura foi dada.

Eustáquio tivera um corte e do qual ocorreu uma sutura e houve uma pequena fratura, segundo os médicos, nada grave, porém, deixaria até o fim dos seus dias uma marca – quase a testa parecia um córrego sibilante. Ainda que contestado pelos médicos que disseram não ter em momento algum risco de morte. Foi tarde. Com efeito, o milagre, assim podemos chamá-lo, já havia sido anunciado.

Nesse instante Eustáquio, aquele homem rude, levantou-se da cama vestido com a camisola dada aos pacientes, limpou a cabeça dos resquícios de sangue e desatou a falar de forma calma e clara, os olhos vibrantes deram-lhe uma aura de santidade. Agradeceu aos médicos o atendimento, mas recusava-se a crer que a sua cura fora graças à perícia médica e sim ao milagre do Senhor que lhe dera uma marca como o selo de sua aliança.

Começou o seu repertório dizendo que os irmãos deveriam orar pelos pobres e pelas viúvas e não por ele que testemunhara o socorro dos céus e fazia-o com tanto carinho e ternura que não parecia estar a ralhar com eles, mas a aconselhá-los, como o fazem os devotos do céu. Decerto que os familiares choraram emocionados, os companheiros sorriam de alegria e os ocultos candidatos ao título de pastor presidente, que prestavam assistência, torciam os lábios constrangidos por ele ter mencionado a palavra "marca", o que implicaria diretamente a profecia.

Breno que havia chegado no meio da balbúrdia, apresentou-se como ministro forçando a entrada na unidade hospitalar. Chegou bem a tempo de ouvir Seu Eustáquio pronunciar acentuadamente a tal "marca". Tentando abafar a voz do milagroso, pediu calma e anunciou o falecimento do Pastor amado, que eu mesmo o havia informado por telefone, assegurou a todos que o meu pai tinha falecido como os justos, serenamente na cama da casa pastoral.

Perplexos, os presentes interromperam o jovem tentando saber os detalhes, mas Eustáquio interveio dizendo a todos que nada tinham a temer, que só os incrédulos temiam a morte. Melhor assim, pois o bom pastor descansava agora nos braços do Senhor! E prosseguiu discursando sobre as maravilhas de se morrer em cristo. Fê-lo com tal sabedoria que emocionou todos e surpreendeu até os mais céticos, visto que emanava uma sabedoria que decerto não era sua. Falou durante alguns minutos de forma tão maravilhosa e eloquente que Breno não conseguira terminar a sua fala.

Estupefato pela demonstração de conhecimento e vendo o desdobramento natural dos acontecimentos, sendo Eustáquio agora visível ao povo como o possuidor da "marca" e concomitante a morte do pastor, Breno viu as suas possibilidades minguarem e, célere, sugeriu que fossem todos para igreja para um culto de Ação de Graças pelo milagre, convidando também a imprensa. Saiu apressado, teria que preparar um plano para abafar o brilho do homem que acreditava ter a "marca" abençoada.

Quando a notícia da morte do Pastor se tornou pública e o corpo enviado aos cuidados do Instituto de Medicina Legal, recebemos na casa pastoral alguns ilustres membros da congregação, inclusive, Dª Alda, que agora voltaria a entrar na igreja triunfante e restabelecida como profetiza e oráculo dos céus. Polidamente, deu-nos as condolências e tristemente com o olhar avermelhado e lacrimejante partiu cerca de meia hora depois, não sem antes dar um abraço fraterno cheio de fé em minha mãe e olhando-me dentro dos olhos desejou coragem e pediu que fosse avisada dos serviços fúnebres. O mesmo fez o presbítero José, cujos serviços na casa de Deus lhe galardoaram a pecha de amigo íntimo da família e foram muitas as vezes que dividimos a mesa do jantar.

O meu irmão estava vindo de avião para o féretro e não foram poucos os líderes de igrejas vizinhas a virem prestar a sua solidariedade e confirmar a participação no velório que seria feito na própria igreja no dia seguinte, já com hora marcada e convites sendo impressos em carácter de urgência. Nada pomposo, algo simples. A pequena foto dele, a data de passagem na terra e uma singular mensagem "Cidadão do céu, levado por nosso senhor por serviços prestados".

Breno ligava a todos os membros da igreja e convocava-os a participarem no culto repentino que organizava para a Ação de Graças pela cura milagrosa de Seu Eustáquio. Sabiam que, apesar do fatídico dia da morte de meu pai, seria deselegante não irem à igreja. Veio pessoalmente convidar-me com toda a elegância, deu-me as condolências e, como quem não quer a coisa, sugerindo, pediu-me a permissão para anunciar o motivo da nossa não comparência ao evento, devido aos rituais fúnebres.

Eu, percebendo a maquinaria engenhosa daquela víbora, aceitei a recusa e agradeci a dispensa, mas preparei-me para ir à igreja e expliquei a minha mãe o plano velhaco de Breno. Acompanhávamos a história do milagre e disse para a minha família que percebia o plano do jovem e decidi não facilitar para os golpistas. No dia da morte de meu pai não permitiria que alguém tivesse a sua carreira alavancada apoiando-se no defunto. Não queria pensar nisso, estava triste, sentia-me só, sentia o pesar pela morte, e aquele jovenzinho miserável não tomaria a igreja de assalto. Isso não!

VI

Para acabar com o culto pentecostal que se instalara na unidade, perturbando a paz dos doentes que professavam outro credo, os médicos intervieram explicando oficialmente que nenhuma cura milagrosa ocorrera ali. Pediram com delicadeza e educação que a multidão dispersasse. Praticamente arrastaram o Seu Eustáquio para a secretaria para dar-lhe a alta, livrando-se dele, livrar-se-iam do povo. Decidiram liberar aquele homem antes que o tumulto tomasse proporções alarmantes. Os seus companheiros de fé carregaram-no nos ombros e transportaram-no para o culto de Ação de Graças. Cantaram hinos de louvor no ritmo das vozes, já que os músicos tinham ido antecipadamente para afinar os instrumentos e preparar a entrada da igreja, todos coordenados por Breno, que tinha o objetivo de minimizar os acontecimentos com música e embalar os corações aflitos na melodia suave, harmônica e hipnótica do repertório religioso.

Nessa época, entre os bairros populares e no interior do país, fervia um movimento muito singular da igreja católica, que era chamado de teologia da libertação. Tinham uma interpretação política dos eventos evangélicos e ensinavam ao povo uma visão política das escrituras. Tinham coerência, mas a proliferação dessa ideia era perigosa, não era bom para os negócios, por causa disso, as forças econômicas e políticas a nível mundial empenharam-se em sufocar por completo esse movimento. Graças a Deus, nós éramos uma alternativa mais atraente para os poderosos. Poderíamos fazer o povo voltar-se para o milagre, o sobrenatural, o sagrado e abandonar de uma vez a ideia de politizar o povo, e por conta desse expediente, fomos amplamente tolerados e incentivados.

Os jornais seculares ligados à confissão dominante, ávidos por abafarem o núcleo dessa mesma teologia da libertação que tentava instalar-se nos arredores, anunciavam o milagre com destaque. Na medida que corriam as notícias, a massa avolumava-se seguindo a procissão sem saber ao certo do que se tratava, no mesmo ímpeto em que seguem as carnificinas e os linchamentos nos quais se ataca sem critério de averiguação da verdade, fazendo a justiça dos iníquos.

Assim, o esfarrapado contingente era composto por gente humilde, simples, sequiosos por milagres e profecias, cantavam e seguiam, ajuntavam-se e perguntavam uns aos outros do que se tratava. Cegos guiando cegos, alimentados pelas lentes dos fotógrafos que registravam o cortejo, balbuciavam orações sem intimidade e gritavam as palavras de ordem, chavões conhecidos de contentamento e de confirmação como: "Aleluia...", "Glória a Deus...", e prosseguiam em direção a igreja que sabiam a morada, mas nunca lá tinham postos os pés.

À frente, levando o novo rebanho, Seu Eustáquio acenava com a pecha de salvador e um sorriso messiânico e cheio de misericórdia, tocava o povo solícito que crendo estar aquele homem imbuído de aceites divinos, apressavam-se a tocá-lo e deixavam-se tocar, na esperança fugidia de que a centelha divina acalentasse as suas vidas despossuídas de valor e massacradas pela miséria. À sombra mesmo de um santo, Eustáquio parava para beijar uma criança ou abraçar uma senhora qualquer que aspirasse por osmose ao entrar em contacto com aquele corpo que pouco antes fora tocado por Deus.

A igreja, que decerto não comportaria aquele colosso de almas que seguiam o novo abençoado, tornara-se fadada ao crescimento devido ao sucesso apoteótico sob as bênçãos da mídia, sempre acolhedora em enaltecer coisas vãs e efêmeras, engrandecer ou derrubar na mesma intensidade aquilo que lhe convém.

O rebanho ouvia as orações de exorcismo e cura feitas pelos membros da igreja, que se misturavam entre o povo, abençoando e lutando para manterem a chama viva do entusiasmo, a que se chamou de "caminhada profética", com base na súbita recuperação e na alta milagrosa do seu ministro Eustáquio, que eles mesmos elegeram como líder, ignorando a morte de meu pai.

Eustáquio, tomado pela autoconfiança dos extáticos, abençoava os transeuntes, que aspirando aquela corrente de entusiasmo, sentiam-se mais fortes e vibrantes. Tudo crescia em ritmo alucinante. Os coristas aninhavam-se em danças despudoradas e estranhas, socando o ar a esmo e trocando as pernas em movimentos descompassados e frenéticos. Os vizinhos iam para as frentes das suas casas acenar àquele homem que correspondia aos gestos, repentinamente, ouviu-se:

— Estou curado! Graças a Deus... – Fortemente dito, surgido no meio da balburdia, os ecos foram-se transferindo para as linhas de trás onde se ouvia a mesma coisa.

Os gritos de cura sagrada nesses ambientes vêm e vão, seguem um fluxo que se propaga por si mesmo, ainda se ouvia timidamente tais jargões.

Atravessaram a praça do bairro e entraram triunfantes. Todos eram acolhidos por Eustáquio, ele mesmo era o porteiro do culto, esbanjando um sorriso luminoso quase sempre acompanhado por gesto suave, indicava o caminho da igreja aos visitantes, que correspondiam com leves batidas no ombro do orgulhoso crente.

Vendo a celeuma à volta da cadeira do reverendo e aquela tomada de autoridade, Breno pensou com lógica política que lhe era peculiar, adiantando os acordes entrou com os louvores em destaque no volume apropriado para abafar os discursos indesejáveis.

Vendo a valiosa conversão que se seguiria ao apelo no final do culto, momento rotineiro evangélico de convidar os visitantes a converterem-se, pela demonstração daquele poder atemporal que encanta as massas, tomou o microfone, fê-lo sem pedir permissão, e o seu ministério de louvor antecipou-se a Eustáquio e aos milagreiros de plantão.

Apoderando-se da igreja, iniciou o culto espetáculo, a que chamou por conveniência de Ação de Graças. Anuviaria com sua habilidade reconhecida a relegar a Seu Eustáquio um testemunho em segundo plano, para, devidamente aprumado o discurso subsequente, encarregar o presbítero da pregação, sem deixar de agradecer a Deus pela recuperação de Seu Eustáquio, porém, sem nunca mencionar a palavra milagre que desperta reflexos de inspiração divina, e não o faria, de forma a deixar o Seu Eustáquio aquietar um pouco o seu entusiasmo, em proveito do grande dia da igreja que havia chegado como um relâmpago. Assim prosseguiu, convidando à altura do microfone o povo a entrar e manipulando o som, entoava acordes maravilhosos, começando por um hino conhecido do estrelato popular. Faria o povo cantar esquecendo um pouco o Seu Eustáquio, que já na condição secundária, não se apercebendo da manobra elegante do jovem, entrou e sentou-se, a convite do presbítero José ao seu lado na tribuna de honra no lugar dos testemunhos, diminuindo sem decréscimo a importância do seu relato que se seguiria na hora costumeira dos cultos disciplinados pela ordem.

William, irmão mais novo de Breno, este sim, fiel devoto, eu o vi a observar com reprovação Júlia, a noiva de Breno.

A jovem tinha como o noivo um temperamento símile, egoísta, arrogante, era vaidosa e cínica, esta última característica usada como recurso de sociabilidade dela. Vinha de uma família desestruturada e promíscua, ela construiu alguma fama libidinosa na adolescência, afeita ao luxo e ao conforto, aprendeu desde cedo a utilizar seus dotes físicos para obter a riqueza que o destino lhe negara. Um dia, conseguiu escapar de uma cilada, quase foi violentada sexualmente e como escapou milagrosamente, creditou a sua salvação a Deus e, sendo assim, converteu-se ao evangelho – mudou. Ficou mais recatada, frequentava a igreja, esqueceu as noites prolongadas na farra e dedicou-se a oração. Verdade seja dita, os defeitos de caráter, ela os manteve, estavam arraigados com profundidade suficiente para nem mesmo a fé pudesse vencê-los.

Assim, ela encontrou em Breno um companheiro ideal. Eram parecidos em quase tudo, foram feitos um para o outro, ele estava sempre a cochichar com ela ou travar alguma ideia em gestos e olhares de soslaio, tudo era tão mecânico que assustava os que se apercebiam do casal. William, que conhecia a ambos de perto e até dos segredos de alcova, franzia a boca em sinal de descontentamento cada vez que se deparava com essas confabulações do casal. Eles tinham aquela cumplicidade de quem está sempre a tramar alguma coisa, vigiavam e regulavam cada indivíduo no seu perímetro de visão, nem o mais leve bocejo escapava ao casal, encontravam sempre uma maneira de comentar o que viam deixando claro uma noção territorial no mínimo estranha, mas ainda assim, esse era o procedimento padrão deles. Sempre conspirando, sempre vigilantes e cobiçando, tinham baixos instintos e valores.

Quando acentuo o estratagema de Breno e sua noiva não é exagero. Os fiéis, em geral, concentrados nas ações espirituais, deixam-se levar no embalo suave da música e crendo na inocência e na fé deles, não enxergam as ações maliciosas. Quem quer que esteja ali, sem outro interesse que não seja alimentar a fé, nada pode ver, não consegue enxergar os meandros, ler nas entrelinhas das mensagens do casal. Eu, entrosado com os procedimentos normais do meio que vivo, posso ver a falta absoluta de espiritualidade de ambos e a ambição desmedida deles. Talvez se eu estivesse ali por puro interesse espiritual na adoração de Deus como faz o povo, nada veria além do divino, mas meus olhos, que Breno e Júlia já haviam percebido, estavam perscrutando os seus passos, vigiando cada sílaba muda que moviam seus lábios. Via a intenção sincera dos seus colaboradores, cegos pela fé nada viam. Testemunhei o abraço e o beijo polido que, emocionado, o pobre zelador da igreja recebeu deles, com os olhos cheios de lágrimas e crendo estar diante de dedicados cristãos que se adiantavam nos ofícios sagrados para adorarem a Deus.

Eles, cheios de vida e vibrantes de terem feito a manobra necessária para que tudo ocorresse conforme planeado, deixariam a sucessão aberta enquanto pensariam em outro plano para ocuparem a vaga. Sobretudo, com o apoio da imprensa secular e de um canal de televisão de um afamado Bispo da cidade que enriquecera à custa de negócios ligados à igreja, terem noticiado que o senhor bispo tinha grande interesse na nossa congregação. Ele, homem de negócios que era, vislumbrou o quanto tínhamos de potencial de crescimento se fôssemos devidamente orientados, enviou um produtor de seu canal à nossa igreja para nos conhecer pessoalmente.

O casal, que se qualificava como levitas, se animou muito ao ver o interesse do Bispo, isso abriria novos horizontes, Breno mostrava-se entusiasmado, movendo lentamente a cabeça, apontou com os olhos para o logotipo do canal de televisão do bispo, Júlia sorriu de imediato, entendendo claramente o recado, a simbiose do casal era tão grande que confabulavam por linguagem gestual, quase telepaticamente, manobrando com desenvoltura os seus interesses, iriam aproveitar o momento, tudo o que queriam era ter alguém a filmar o culto ao vivo. Sorriram e agradeceram a Deus pela dádiva. A estratégia soprava a seu favor. Enquanto ganhava notoriedade para fora da igreja e de seu diminuto círculo, tinha a oportunidade de mostrar o seu talento e tirar os holofotes do Seu Eustáquio, que taciturnamente encolhera os ombros tornando-se mais um no belíssimo culto. Orquestrando o seu plano em intenções paralelas à música, deliciava-se quando o povo cantava junto, incitava os músicos a tocarem músicas populares do universo gospel que eram conhecidas por todos, de forma que esquecessem o motivo pelo qual estavam ali. Tinha essa esperança, redirecionar o foco, era a ideia principal, gastar o tempo do culto sem destacar demais o milagre e consecutivamente apagar a figura de Seu Eustáquio, o pobre homem já despossuído da sua messiânica entrada e retomando a sua simples função de acólito, com a cabeça baixa esfregava as mãos esperando a vez do seu testemunho.

A apresentação interminável de Breno, do chamado ministério de louvor, que propositadamente alongara os hinos até exaurir a paciência do povo, obrigou o presbítero José de Almeida que sabia bem de suas funções e disposto a fazer a transição como devia ser, segundo o estatuto que meu pai mesmo criara junto ao conselho administrativo, subiu ao palco e tomando o microfone, pediu ao pé do ouvido de Breno que baixassem o volume da música a fim de prosseguirmos com o culto.

O presbítero José usou toda habilidade que o pequeno comércio que dirigia lhe conferiu para organizar e pôr ordem ao culto sem ofender ninguém, o que me satisfez. Assim o fez, pediu silêncio, o que foi prontamente atendido pelo povo que provavelmente começava a enfadar-se do excessivo repertório.

— "Paz do Senhor." – Disse José recebendo um sonoro retorno a resposta tradicional.

— "Paz do senhor." – Repetimos.

— No dia de hoje, tivemos a sorte de presenciar um milagre que foi acompanhado pelo povo e que esse mesmo povo seja bem-vindo! – Prosseguiu José seguido de aplausos.

Estendendo as mãos pediu novamente silêncio e disse:

— Concomitante ao falecimento de nosso amado pastor fundador da igreja, Pastor Reverendo Genésio Sobrinho, que temos a honra de vê-lo ser representado pelo seu filho. – Apontando para mim, com a mão fechada esmagando um lenço branco que secava o suor e, às vezes, encostava nos olhos no gesto habitual, e continuou o sermão:

— Ele, que viu crescer essa igreja com zelo e carinho... – nesse momento não faltaram olhares para mim, o estimado presbítero seguiu o seu discurso – ...que partiu para o reino celestial em paz e à sombra do Omnipotente descansa. Ele mesmo, o Todo-Poderoso Senhor dos exércitos, brindou-nos duplamente com a vida e a morte, em conclusão de uma profecia saída da boca da honrada Dª Alda.

Se o Presbítero mencionasse ou fizesse qualquer alusão a marca e ao corte de Seu Eustáquio, ficaria ali patente o testemunho público que a espera pelo escolhido terminara, sendo ele o juiz da escolha. Mas ele saiu-se melhor do que eu esperava.

— Ficamos nós agora à espera daquele que restaurará a nossa igreja e nos trará o avivamento prometido. Oraremos ao Espírito Santo de Deus que nos mostre esse varão. Amém! Antes do apelo, no qual com certeza Jesus ganhará muitas almas, não podemos encerrar esse culto sem ouvir o testemunho do irmão Eustáquio que fez essa assembleia renovada, Glória a Deus!

Os aplausos esfuziantes foram contidos somente quando, relutante, Seu Eustáquio levantou-se e indo em direção ao púlpito recebeu um abraço do Presbítero José, que lhe segredou algo ao ouvido cuja natureza nunca soubemos, um conselho misterioso que arrefeceu o entusiasmo de Eustáquio que cumprimentou a assembleia e começou assim.

— Paz do Senhor... Quero antes pedir um minuto de silêncio em honra do nosso pastor, a quem eu amava como um pai.

E todos de pé fizeram a homenagem em silêncio, que logo foi seguido por uma longa salva de palmas e, prosseguindo, o candidato a milagreiro disse:

— Quero agradecer aqui o empenho e ajuda nesse culto. Despretensiosa ajuda de nosso ministro de louvor Breno e sua equipe. – Frisou olhando de soslaio para o rapaz e continuou. – Da dedicação e do empenho que alguns aqui presentes tiveram e trabalharam duro nesta igreja para honra e glória do Senhor. Todos me conhecem e sabem que nunca fiz coisa alguma aqui em proveito próprio... – Seguiam-se a cada palavra de dedicação um "Glória a Deus" e um "Aleluia". – ...Assim, sofri um terrível acidente considerado gravíssimo pelos médicos, do qual não sairia dali ileso. Mas esqueceram-se... esqueceram-se que existe um médico que está acima dos médicos da terra...

Dito isto não conseguiu mais prosseguir porque as louvações e os estridentes gritos de glória ao Senhor e os clamores foram incontroláveis. Começaram os habituais desmaios dos mais exaltados, as tremedeiras contumazes, o espírito de histeria da caminhada rumo à igreja retomou com força. Os presentes e a assistência esmeraram-se em ajudar o rebanho, a algazarra foi tamanha que todos os membros tiveram que largar os afazeres para acudir o povo que não parava de cair e levantar-se. Uma torrente de línguas estranhas e demonstrações de descontrole, obrigaram Breno e o grupo de louvor a descer do palco para promoverem as curas assistidas e os exorcismos pertinentes. A corrente entusiástica que eletrizou o salão, mesmo do lado de fora, acorriam os gritos e as curas momentâneas. O volume de participantes na sessão de cura forçou a todos uma forte tarefa, inclusive o irmão Eustáquio, que não teve outro remédio senão socorrer as vítimas do surto divino e estabelecer a ordem do culto que se transformara em espetáculo.

A imprensa, ligada à igreja, captava nas lentes parte dos momentos espetaculares, registros fundamentais para o movimento pentecostal. A mídia, chamada de laica, já há muito abandonara o interesse na igreja, por qualquer possível escândalo associado ou denúncias de enriquecimento fraudulento. De fraudes, de modo geral na igreja evangélica, ou ainda de denúncia de pedofilia na igreja irmã, eram coisas tão corriqueiras nesse tempo que não interessava a mais ninguém.

Seu Eustáquio socorreu uma senhora vestida de preto que exalava um perfume forte de colônia barata, mas dona de um corpo invejável, deixou-se cair sob seus braços, o que o afastou ligeiramente para não incorrer em outros inconvenientes. Inerte, parecia desmaiada e ele, com jeito, recostou-a no chão enquanto novas demandas de epiléticos e sonâmbulos oriundos de uma fala das antípodas da mente soçobravam a assistência que não parava de orientar.

Outras vozes guturais típicas das investidas de forças maléficas, os brados de libertação assomavam-se aos exorcismos e alguns investiram nas línguas estranhas aumentando o tumultuado som da algaravia espiritual.

Antes que alguém tomasse outra vez o microfone, Breno pegou o violão e dava graças a Deus pelo maravilhoso culto. Aproveitando a emoção exaltada, pediu com urgência que os presentes entregassem as suas almas a Cristo e fizessem parte em definitivo do reino de Deus que se aproximava. E todo aquele discurso contumaz de apelo à conversão, que inclui um convite a uma vida próspera e nova de filho de Deus e a subsequente ameaça de recusar a oferta, cuja danação e sofrimento receberiam por herança, prosseguiu:

— Aquele que renasce em Cristo, nova criatura é e os seus pecados serão perdoados.

Enquanto repetia a oferta de um novo começo, o aumento absurdo de convertidos naquele dia lembrou o dia de Pentecostes, no qual um número populacional de uma grande cidade se converteu em um só dia. É importante frisar, que em nosso meio, no qual técnicas de indução e sugestão são muito vantajosas e usuais, muitas vezes as chamamos de unção, fazendo a conotação imediata com um fato espiritual. As autoridades eclesiásticas usam e abusam deste expediente para manter os ouvintes presos e interessados. Manter a plateia é uma de nossas prioridades e o fazem bem os pregadores modernos, que pouco se interessam pela qualidade ou veracidade do que dizem, o ponto central e mais importante é como dizem e não o que dizem.

Breno encerrou o culto, sendo imediatamente abraçado e beijado pela noiva, não permitindo assim, a ascensão imediata de Seu Eustáquio. Observou-me por cima dos óculos. Eu também o fitava com um repuxão das sobrancelhas, acenei que o entendia. Sabia o que tencionava e estendi o polegar para ele deixando claro que alguém ali fez a leitura correta de seus objetivos. Cumprimentei-o pela habilidade com que o fez, ele, por sua vez, deu de ombros fingindo não ter entendido.

Enquanto eu era cumprimentado pelo conselho pelas exéquias, aproveitei para definir, na frente do corpo diretor e sob a escuta disfarçada de Breno, que o Presbítero José de Almeida, no período de transição da presidência, deveria assumir as funções que lhe são peculiares. Enquanto o restante ainda fazia os cadastros dos novos membros, um conselheiro perguntou-me se tinha a intenção de assumir o lugar de meu pai. Eu, claro que respondi que se fosse chamado por Deus obviamente não poderia declinar o convite, mas respondi que não era meu desejo, assim como todos o faziam. Chamei o Presbítero em particular e disse-lhe que era preciso usar os recursos legais para impedir que Breno tomasse o púlpito de assalto como ele fez naquele dia. Decerto que, o seu trabalho na igreja era importante e que os seus atos a despeito de sua ambição eram demasiados, porém, também era verdadeiro que o seu virtuosismo musical nos trazia público e notoriedade, na comunidade evangélica já era reconhecido por alguns grandes nomes do estrelato gospel. Mas a sua história era um misto de religiosidade, cinismo e ambição, tais eram as características do nosso Mozart.

Após um dia de grande emoção como foi o suposto milagre de Seu Eustáquio e o cumprimento da profecia proferida por Dª Alda, tivemos que realizar a cerimônia do adeus do pastor Genésio. Entre os convidados para o féretro, estavam alguns membros importantes de nossa comunidade. Formávamos um semicírculo ao redor do corpo, fomos gentilmente cumprimentados e em todos, pairava o abatimento quando expressavam as condolências à viúva, ao meu irmão que acabara de chegar e pôr fim a mim, desejavam-me coragem e sucesso entregando-me a igreja como herança, ou pelo menos, manifestavam esse desejo claramente. Essa hegemonização em torno de minha herança enchia-me de alegria.

Vivi, naquele dia funesto, um misto de alegria e pesar, ainda os presentes deram-me a oportunidade de fazer o sermão, estava demasiado tenso, trêmulo e desconcentrado, no entanto, recusar uma oportunidade única de anunciar-me como herdeiro legítimo e reclamar a minha recompensa, poderia fazer-me correr um risco desnecessário e ser um desastre. Provavelmente não demonstraria segurança e controle, o que poderia depor contra mim.

Presbítero José, em um daqueles momentos que dá o passo certo e decisivo, tomou a frente e conduziu o culto dentro da medida e sem exageros. Foi brilhante! Ele usou de toda a habilidade de negociador que tinha, inato, eu diria. Possuía um comércio que prosperava em grande velocidade, vendia todo tipo de produto gospel, livros, cds, camisetas, tudo ligado à igreja evangélica. Uma loja cristã, portanto, José quando arguido sobre a natureza do seu comércio costumava dizer.

— Trabalho para Deus – E sorria. Os negócios iam tão bem que achávamos o contrário, Deus é que trabalhava para ele.

E concluiu a homenagem com maestria, elegante e com observações oportunas, mostrou aos detratores de sua imagem, como presbítero, um argumento convincente, celebrou o mais difícil culto da nossa igreja até os dias atuais e fê-lo com profissionalismo, sem alarde e terminou tranquilamente como exigia a situação.

No enterro, após algumas orações, sepultamos o nosso fundador.

VII

Criado em uma casa de pais e avós convertidos, ou seja, com imenso histórico de pecados confessados publicamente e imenso talento musical manifestado desde os primeiros passos, Breno era um fenômeno. Gostava de sentir-se assim desde menino. Brincava com carrinhos como qualquer criança, a diferença era a sua percepção, ele apertava-os contra o chão duro friccionando-os até ouvir o ranger das rodas, ficava a tentar acertar o tom e a imaginar como reproduzir o som, qual o instrumento que melhor se encaixava na melodia possível. Ouvia os sons dos disparos dos fogos de artifícios e reproduzia-os malfadadamente nos latões que imaginava estar fazendo um trabalho primoroso.

Quando celebrou a conquista dos primeiros acordes e demonstrou predestinação artística, costumava apresentar o seu talento nas festinhas da família, depois nas festinhas do colégio e, por fim, mais a sério nas apresentações dominicais da igreja. Extrovertido, não se intimidava em citar uma passagem ou outra parte da Bíblia para mostrar ao público que, além da virtuosa música, era também letrado, tarefa que aprendeu sozinho e que manifestava o gênio que habitava dentro dele.

Os seus pais e avós descuidaram-se em transmitir-lhe as boas maneiras, o trato com os demais, esquecendo ou desconhecendo que o talento musical por si só, não o faria um homem humilde e nem lhe traria decência. Exigiam dele uma conduta exemplar, santa, pura, pensando ser o suficiente, o que nunca funcionou. Arredio, construiu reputação sem seguir todas as regras, os aplausos e os constantes elogios, as comparações com outros jovens da sua idade alimentavam o ego do infeliz, mas deixaram que ele mesmo conciliasse o seu feitio com a vocação religiosa, que realmente possuía e que isso seria o suficiente para reprimir uma sexualidade imensa, típica dos jovenzinhos imberbes, pensava ele. Mas o tempo mostrou uma sexualidade indomável que levaria anos para que o jovem se apercebesse. Nesses tempos, a sua mente estava ocupada com outras coisas.

Com efeito, os primeiros anos foram fáceis, os espetáculos domésticos foram um sucesso. Época na qual as doçuras da infância estavam em segundo lugar para ele, brilhar nos palcos sim, isso valia a pena, as apresentações cresciam para fora do ambiente familiar e o menino agora, às portas da puberdade, correspondia à demanda crescendo também em estatura e talento. As igrejas lotavam e o resultado foi o início de uma carreira profissional reconhecida como obra divina, cada música estaria dedicada a Deus. Breno sempre se dedicou à performance dentro dos átrios da igreja, a bem da verdade, do espírito da lisonja e da ambição crescente não se contentou em tornar-se um levita.

Vaidoso, vestia-se bem com roupas caras, tinha hábitos caros, lia a Bíblia com entusiasmo e desenvolveu um certo fundamentalismo estúpido, como o são todos, cada um à sua maneira. Já no fim da puberdade, quando os pelos pintam a face, e perto da maioridade, pregava a palavra de Deus a cada apresentação. Nas reuniões familiares, não existia uma na qual não lhe fossem solicitados os talentos, que com ele andariam lado a lado o resto de sua vida: o músico e o pregador. Não declinava o desejo incontrolável de se apresentar mesmo que, usando aquele jeito de quem não está querendo isso, relutante, ensaiava a modéstia dos sábios, mas adorava ser prestigiado, quase sempre a casa cheia, não havia nenhum culto no lar em que ele participasse que não houvesse bom público.

Sempre que podia, a sua prima Tânia acompanhava esses cultos domésticos junto com o marido e seus dois filhos, desde sempre admirava o jovem evangelista. Dona de uma forma física vistosa e jeito de santa, encarava o primo talentoso com ares além da admiração passiva, quando trocavam olhares, um certo calor estranho lhe percorria a espinha, os embaraços mais frequentes também ocorriam.

Quase sempre ela, os filhos e o marido, um homem sério, reservado no falar, cuidadoso e preocupado com os filhos, frequentavam esses cultos no lar. Em um deles, sem motivo específico ou premeditado, ela aproximou-se do primo e fitou-o com lascívia no olhar, excitando o rapaz ao ponto de ele sentir dentro das calças o volume que queria rebentar o zíper.

Nessa idade não se precisa de muito para a excitação sexual, é verdade, mas havia um clima no ar que rescendia erotismo. Rapidamente, quando findou a canção, arrumou o violão por cima do colo de forma a esconder o volume que umedecia levemente sua roupa íntima. Ofereceram-lhe a Bíblia para a pregação de costume, mas desta vez recusou com veemência, do contrário todos veriam outro dote seu, menos respeitoso, aparecer. Dedilhou uma canção suave e lenta de olhos fechados para tentar acalmar o membro persistente, lutou, respirou fundo e concentrou-se, por fim lá conseguiu, ainda era virgem, mas esperto safou-se da situação embaraçosa em que se meteu. No fim, agradeceu a Deus a oportunidade e passou o violão para o irmão que não gozava do mesmo prestigio que ele, mas igualmente talentoso, levou o culto familiar com esmero.

Levantou-se trocando um olhar com a prima, quase convidou-a a um passeio no quintal. Os familiares esqueceram-se dele que foi esticar a coluna conforme disse quando se retirou, menos a prima que percebendo a ousadia do menino saiu discretamente sem que dessem falta dos dois. Para o maior perigo a ambos e, ao mesmo tempo, a salvação deles, a casa da tia, a mais progressista e menos castradora, estava lotada. Ângela era liberal nas suas ideias, cedia a sua casa quando solicitada com boa vontade, mas não lhe agradava essa nova onda de "toma lá dá cá com Deus", como ela se referia à teologia da prosperidade.

Tânia ajeitou-se e esperou o momento oportuno, sorrateiramente foi ao banheiro e saiu pela porta dos fundos.

Mas o instinto do rapaz era sagaz e ficou sentado em um tronco de uma das árvores que sua tia cuidava nos fundos do quintal amplo, protegido de alguma visita indesejada, não iria ao certo acender a luz do quintal a propósito de ter sorte com a apetitosa prima, ainda que as possibilidades reais fossem poucas. O culto estava aceso e o coro familiar estava animado, Breno ficou ali sentado a esfregar as mãos suadas e com o coração aos saltos.

Uma sombra igualmente lívida apareceu pela porta dos fundos, era Tânia. Sorriu e puxou conversa sobre o seu talento, assunto preferido dele, ela mais experiente que o primo, sentou-se a seu lado e para acalmá-lo segurou a sua mão esquerda, sentiu a oleosidade toda da timidez e o nervosismo do rapazinho que, nessa área, nada teria do que gabar-se ainda. Virgem como a mãe de Cristo, só poderia esperar pela iniciativa da prima que regeria aquele momento. Com efeito, ela aproveitando que os hinos prosseguiam e ciente de que nessa altura ninguém os surpreenderia, pegou a mão do rapaz e pôs sobre o seio. Ela franziu os lábios e apalpou-o o membro rijo por baixo das calças, Breno não sabia o que fazer e os hinos que iam e vinham não era lá fundo musical para isso, mas uma oportunidade desta não se desperdiça. Se fosse apanhado a sua reputação de nada valeria, estaria arruinado antes de começar e isso era sério, o jovem tinha planos ambiciosos para a sua carreira e não perderia tudo por um escândalo escabroso como aquele, envolver-se sexualmente com a prima casada durante um culto familiar, era demasiado. Mas a natureza e a explosão hormonal falaram mais alto, perder a virgindade com uma mulher experiente e casada seria uma forma segura de manter silêncio.

— Ninguém vai saber. – Ela prometia sussurrando já com excitação à flor da pele.

Não podia mais conter-se, Tânia abriu a blusa comportada e o jovem agarrou-lhe a enorme teta e apertou sem jeito, de forma que, sentiu o pegajoso leite materno que ainda fazia uso o mais recente filho do casal. Ela beijou-o com sofreguidão, correndo a língua célere pelo céu-da-boca aspirando a vitalidade do artista, enquanto deslizava a mão direita escorrendo rapidamente, pôs a mão de Breno por dentro da calcinha e, conduzindo-a, fez os movimentos necessários que precisava para masturbá-la devidamente e ele aprendeu rápido o que devia fazer. Ela, libertando o membro, agarrou-o com firmeza e masturbou-o com precisão e suavidade, com movimentos de fricção exatos e vigorosos, sentiu o latejar do sexo vistoso enquanto sussurravam palavras obscenas que aumentava de ritmo na intensidade dos palavrões que se sucediam. Contendo o gemido derradeiro, ambos engoliram os seus urros de prazer, regando a terra com seus fluídos debaixo dos seus pés.

Breno encontrou-se com a amada prima muitas vezes depois dessa cena nervosa e pôde então, finalmente, consumar a primeira paixão. Aprendeu com ela, sua professora, mestre na arte do amor, os segredos do prazer e a experiência que lhe valeram em todos os sentidos.

Formou-se com distinção, colecionou muitas namoradas e a cada nova aquisição, pedia a bênção do pastor, selando caráter espiritual do romance. Quando todos se acostumavam com o rosto da namorada, ele aparecia com outra e a todas apresentava sem cerimônia, como aquela que Deus escolheu para ele. A administração da igreja fingia não ver a hipocrisia reinante e condescendente, dizia que os jovens eram assim mesmo, enxertavam esse discurso por interesse do bom funcionamento da casa. Muitos comentários surgiam e Breno dizia que esses comentários maldosos, mas cheios de verdade, eram fruto da inveja, o que não deixava de ser verdade também, e seguia o seu curso com calma, até que conheceu Júlia.

Morena, inteligente, olhos grandes libidinosos, mas mortal como uma víbora, vaidosa ao extremo, cínica, egoísta e soberba. Enfim, perfeita para ele. De fato, amavam-se e nunca mais se soube de algum caso amoroso dele, eram feitos um para o outro, a afinidade era tamanha que no verão seguinte oficializaram o noivado. Com o tempo viveram felizes sem nenhum acontecimento que merecesse nota.

Breno tinha um irmão que o seguia em tudo, William, que era uma pessoa simples, acessível e notavelmente mais inteligente, ainda que não gozasse do mesmo destaque que o ilustre irmão, andaram juntos durante muito tempo até o dinheiro lhes envenenar e nunca mais voltaram a ser o que eram.

Entretanto, jamais poderia contar a nossa saga sem mencionar o Sr. Bispo. Primeiro, pela admiração que tenho por ele, depois e mais importante, pelo fato da absoluta mudança financeira que vivenciamos. A forma como nos ensinou a transformar a nossa pequena assembleia, sem grande expectativa real de crescimento, em uma muito próspera congregação e uma empresa vitoriosa. Os benefícios de saber gerir um empreendimento gospel, praticamente tudo que aprendi sobre finanças, gerenciamento, administração, apreendi com o Sr. Bispo.

Ele era de uma disciplina férrea, estudioso, determinado, não cedia a proibitivos romances, frequentava a escola dominical e era grande o seu entusiasmo nas casas da igreja. Aos amigos, que o chamavam de "bíblia" em tom pejorativo, dado aos fundamentalistas, sua resposta era o desprezo. Nem mesmo se dignava rir dos colegas pelos quais sentia compaixão por dever e desprezo por contingência. Cresceu num ambiente conflituoso. Até à idade do serviço militar, nunca alguém o viu entregar-se a mulher alguma, não tendo também atração pelos do mesmo sexo. Desgarrava as tensões hormonais nos Salmos, pegava a Bíblia de couro preto, corroída de folheá-la em demasia, que jazia no chão duro que lhe deixava nos joelhos a eterna vermelhidão como marca das orações severas.

Nem mesmo os expedientes naturais dos jovens, imaginando relações sexuais completas e explícitas, levando a fricção dos órgãos genitais à exaustão, sonhando levar as colegas de colégio aos sabores da pornografia, ele não, quando o fazia não se gabava e levava o onanismo com o intuito de aliviar-se. Sem imaginação, era mecânico, não se abrasava, não lesionava o espírito. Em segredo, nos banhos diários, o fazia de forma a libertar-se do desejo, um ato mecânico, sem emoção, pura limpeza dos órgãos. Após o que, orava sozinho no quarto, pedindo misericórdia por não se conter e não imaginando lascívia, pensava reduzir o tamanho do pecado que nas igrejas se fingia não existir.

Ouvia as pregações dos mais velhos que incentivavam os jovens a não praticarem esse ato libidinoso, o que era repetido como regra geral pelos adeptos da mocidade, que a ninguém confessavam as suas relações imaginárias. Quase todos praticavam a masturbação, alguns em demasia, mas ninguém o dizia, era um pacto do silêncio, os jovens fingiam que não a praticavam e os mais velhos fingiam que acreditavam. Entretanto, a distância que mantinha das colegas e das suas festas, a disciplina religiosa que vergava, impuseram-lhe um certo respeito das meninas e uma secreta paixão de uma colega cuja reputação não era lá tão ilibada. Ele, precavido, evitava-a sempre que a via e a inevitável situação luxuriante.

Cíntia era uma destas meninas que se usa e se descarta, mas de tão experiente não se esquece. Mulher jovem, onde as posições ideológicas não estão definidas, na vanguarda dos colegas arruaceiros e estúpidos, já se decidira a viver uma vida em excessos e no amor livre.

Todos a cobiçavam, mas ninguém confessava o desejo, salvo Sandro o seu eterno namorado, um valentão que podia dar-se ao luxo de desfilar a desfrutável beldade sem ser vítima de brincadeiras torpes à custa de alguns hematomas ou coisa que não valesse a troça. Muito zeloso, cego para as travessuras extraconjugais da namorada, morria de ciúmes com relação ao jovem recatado, não sem motivos, a bandeira que Cíntia deixava desfraldar em favor dele era demasiada acintosa. De maneira que a todos pairava uma dúvida, se o seu desinteresse por ela seria fruto de medo do namorado, seria justificável. Porque não? Ou então, era repressão por costumes de sua religião, cuja devoção verdadeira ninguém duvidava. Mas o jovem religioso também era forte e valente ainda que tímido e decerto que o orgulho escondido na roupagem evangélica não ofereceria a outra face.

Um dia a saída do turno escolar, como de costume, o namorado de Cíntia não se furtou a desafiar mais uma vítima avisando aos berros que o pegaria à saída. Ali mesmo, ameaçava os desafetos, intimidando-os a não saírem do átrio da escola sob punição de uma sova em público. Valente como era, esperava o desafiado na saída do portão por onde não se escapava de uns bofetões. Indignado pela namorada tê-lo tentado dissuadir em sinal de favorecimento ao "Pastor", como ele o chamava, aumentou no jovem enamorado o ódio e decidido a demarcar o território, provocou-o para um confronto frente a frente.

Com um passo de segurança antes da saída, o jovem, o "Pastor" humildemente pediu desculpas e tentou dissuadir o colega a evitar o combate, explicando-se do mal-entendido e respeitosamente dirigindo-se a Cíntia para que testemunhasse a seu favor. E os colegas, claro, não perdoaram a covardia do pastorzinho, como gritavam alguns.

Sandro, estupidamente confundindo o espírito pacífico com covardia, puxou o jovem pela gola da camisa e desferiu-lhe um soco na face. Tonto, o "o pastorzinho" deu alguns passos para trás e caiu sentado, um esguicho fino de sangue tingiu-lhe a boca de vermelho, cuspiu um dente dependurado no canto da boca que foi expulso com fúria. O arruaceiro, que o pegara desprevenido, era incentivado pelos gritos histéricos dos colegas, que em falsete simulavam a sua dor e pensavam que ele ofereceria a outra face. Ledo engano. Evitando a sova que se sucederia caso não reagisse, e não lembrando de alguma passagem bíblica que o detivesse, com um bom porte físico que duramente fora fortalecido pela vida austera, levantou-se, e apesar dos gritos de alerta dos colegas, que secretamente torciam para que o valentão fosse surrado por alguém, prenderam a respiração quando aquele jovem cuja coragem era subestimada por todos, tocou no ombro do agressor para que se virasse e deu-lhe um murro tão poderoso na ponta do queixo que o fez rodopiar e cair enrijecido, desmaiado, estatelando o corpanzil no duro cimento da entrada do colégio. Então, descontrolado pela fúria e enlouquecido pelos gritos estridentes dos colegas que exigiam uma lição em Sandro e não tinham coragem para dá-la, e sentindo o gosto do sangue que nos exalta ao ódio, sentou-se no peito do derrotado e começou uma sequência de socos violentos, espirrando sangue na sua camisa e desfigurando o rosto que já não se distinguia o que eram olhos, o que era boca, o que era nariz, tudo transformado em uma massa de sangue. Nada ouvia, entregue ao espírito das lutas de rua onde se leva o combate às últimas consequências, não ouviu sequer o apito do guarda que teve certo trabalho junto a um professor para tirá-lo de cima do colega.

No dia seguinte, enquanto chorava assombrado pela imagem de sua própria animalidade que fora covardemente provocada e disto não tinha tido culpa, foi chamado por uma autoridade policial. Pela janela do quarto observava o pai falando com o agente da lei. Tudo ao seu redor mudou, o seu pai que previa uma tragédia, dada a aparência que o filho tinha quando chegou a casa, pôs as mãos na cabeça em desespero. Temendo o pior, o jovem quis cumprir a sua responsabilidade, entregando-se sem resistência. O arruaceiro morreria umas horas depois, suas orações e mortificações da noite não foram ouvidas, foi condenado a permanecer no reformatório até atingir a maioridade.

O reformatório do Estado era o mais violento e desesperador do país. Cumpriria uma pena curta, mas o suficiente para puni-lo para sempre. Aperfeiçoou a fé, pregou para os colegas de internato, converteu alguns, perdoou os guardas que o torturaram e os mais velhos colegas de prisão que o brutalizaram. Sofreu e liberto do reformatório saiu para liderar uma igreja e, assim, conduziu-a com tino comercial, até que fez de uma inexpressiva igreja uma congregação gigantesca multinacional. Dono de um conglomerado financeiro cujos produtos voltados a população evangélica tornou-se um sucesso, consolidando a sua liderança, tornou-se um homem rico, poderoso e amado.

VIII

Dias após, organizamos, às pressas, as diretrizes para nosso primeiro congresso, devido às circunstâncias e visibilidade dos cultos explosivos que agora enchiam o nosso salão se estendendo até a rua de tanta gente. O fenômeno era creditado em parte pela divulgação que ganhamos na rede de televisão do Sr. Bispo, que estava a transmitir a nossa missão com entusiasmo. Entretanto, o suposto milagre ocorrido com Seu Eustáquio, que ainda gozava de prestígio de ser o homem mencionado na profecia, levara aquela febre para os nossos átrios, mas o costume de sermos regrados não nos tinha levado a alguma vantagem financeira, não sabíamos tirar proveito da situação e isso enfraquecia a nossa direção coletiva.

O presbítero José, amigo, fiel e bom comerciante, mas sua liderança não tinha bases, era fraco. Tinha lá os seus momentos de líder, mas não perdurava, a sua opinião era vacilante. O conselho era quase o equivalente a uma base moral, não tinha experiência alguma em matérias administrativas. Eu, ainda na sombra do legado de meu pai, era convidado às reuniões da diretoria, quase que por favor de ele ter sido o fundador daquilo tudo. O Seu Eustáquio era aquela reserva moral que entendia muito de obra, mas nada de igreja e muito menos de administração. O problema era que o mais indicado para o posto era Breno, experiente em tudo e em administração, a sua noiva era contadora e conhecia os meandros da igreja como ninguém, em compensação era ambicioso demais, arrogante, hipócrita e sem caráter. Breno alinhava com as perspectivas do Sr. Bispo, como era óbvio, pediu a palavra e apresentou-nos um senhor muito distinto, que vergava um bem cortado terno de linho e garbosa gravata de seda, e lhe deu o direito de falar, o que fê-lo com grande excitação dizendo:

— Ele tem uma proposta impossível de não ser aceite. Escutei-o ontem e achei que será um salto de qualidade. Como ele gosta de falar, tomei a liberdade de convidá-lo para falar conosco se é que vocês não se opõem.

Deixando todos na defensiva, que por educação a rigor, não impediríamos o nobre cavalheiro de falar é claro. Tínhamos que usar os recursos disponíveis para alavancarmos aquela mina de ouro recém-descoberta. Para ser sincero, o que não sabíamos era como. O distinto cavaleiro, por sua vez, iniciou o seu discurso:

— Pois bem, – sorriu – ainda que os excelentíssimos senhores não me conheçam, sou representante jurídico do Sr. Bispo que se mostrou muito interessado em ajudá-los. Viu, como homem de visão que é, o crescimento exponencial que poderão ter em breve, se forem devidamente orientados.

Tudo será dentro da lei e regido pelo mais absoluto espírito de solidariedade.

Pediu-me que solicitasse aos senhores a gravação da reunião para que, antes de mais uma viagem missionária, possa assistir o resultado de sua proposta. O Sr. Bispo quer ainda lembrar que a campanha de propaganda de sua emissora alavancou esta igreja.

O que não era absoluta verdade. Era-o apenas em parte. O que a sua emissora noticiou foi fruto do milagre realizado em Seu Eustáquio que, aliás, foi contestado pelos médicos como não sendo um milagre, e levou aquele fluxo imenso de gente. O que não sabíamos o que fazer ao certo, era como transformar aquele contingente em receita. Não podemos negar o impacto que a publicidade na televisão impulsionou aos negócios.

— Ele – prosseguiu o assessor – quer imediatamente como prova de boa-fé, se vocês autorizarem claro, um transporte adequado para a diretoria transitar com mais facilidade, equipamento de som adequado, instrumentos, orientação jurídica e administrativa para que vocês possam equacionar o contingente que já não se enquadra na vossa sede.

Levantou-se e abriu o seu portátil virando-o para que todos pudessem ter a visão aclarada, mas o incômodo geral provocado pela diminuta tela e falta de visibilidade do ecrã impediam os mais distantes de ver bem, o que também era mais uma isca. Antes que alguém verbalizasse uma crítica, o assessor abriu uma mochila e sacou um projetor de última geração.

— O equipamento é oferta do Sr. Bispo – Transmitiu-nos.

Ao abrir uma página de um arquivo devidamente ampliada na parede, surgiu a planta completa de um imenso edifício arredondado como um campo de futebol, com dois anéis anexos ao redor, um no primeiro andar que seriam escritórios e um outro no segundo andar onde funcionariam outras salas, no meio um salão gigantesco e o púlpito, tornando a proposta, chamada de "ajuda" pelo assessor, praticamente irrecusável.

— Quando veríamos tudo isso pronto? – Perguntou Breno debruçado sobre a mesa.

— Imediatamente! – Respondeu o solícito e amável assessor.

— E o que ele quer em troca? – Perguntei, sabendo que o Sr. Bispo, cuja caridade era concomitante à publicidade envolvida, não nos daria nada abnegadamente.

— Nada – disse o assessor sorrindo.

Todos o olhamos incrédulos. Eu sorri sabendo que era uma mentira deslavada, aquele homem não daria nada em troca de nada.

— Ele só quer ajudar! Tem a ideia de que a vossa igreja crescerá mais ainda que a dele desde que tenham a orientação certa. Ele fez algumas observações somente. O Sr. Bispo vê grande potencial na igreja e quer associar-vos à sua rede de igrejas.

— Quais? – Perguntei sabendo que as tais observações seria o preço a pagar pela ajuda.

— Primeiro ele quer poder indicar um candidato, segundo que vocês sigam as orientações dele para as eleições...

— Eleições? – Arguiu Eustáquio. – Não pretendemos ter eleições para substituir o pastor presidente, homem de Deus cujo filho o representa, – disse apontando para mim – que Deus o tenha. A nossa orientação virá do Espírito Santo como nos disse Dª Alda, conselheira que foi usada por Deus para predizer-nos os acontecimentos do que se sucederia. Falou como profetiza, conforme a nossa profissão de fé, que o substituto teria um sinal, uma marca e que este homem seria o escolhido para conduzir nossa igreja. Deus não falou em eleições. Por acaso na sua igreja têm eleições diretas, senhor assessor? O Sr. Bispo é eleito por votos dos membros, senhor assessor?

Um silêncio constrangedor pairou sobre a reunião. Eu, convencido de que o Seu Eustáquio falava em causa própria, não me manifestei.

— O representante, dono da marca que Deus lhe deu, pode ser um líder moral, ou um conselheiro vitalício igualmente remunerado – disse o assessor. – Teríamos um administrador financeiro representante dos homens, um pastor presidente, o Reverendo, representante de Deus eleito pelos membros e o senhor apontado na profecia seria o incontestável líder espiritual da igreja, conselheiro vitalício e remunerado e que ficasse à disposição da igreja sem outra ocupação.

O assessor completou a manobra com sagacidade. Ficamos todos boquiabertos.

— O Sr. Bispo interessou-se muito pela sua arte Breno. – Sorrindo completou – Ele quer conhecê-lo pessoalmente rapaz!

Breno já não se continha, aquele elogio e aquele interesse do Sr. Bispo deixar-lhe-ia saldo, talvez uma indicação. A cabeça dele não parava de conjecturar, via-se isso nos olhos perscrutando linhas invisíveis na mesa.

O assessor, homem atlético e vestido escrupulosamente com tanto cuidado que suscitava afetações. Um executivo ou um advogado, tendo-se intitulado como representante jurídico, parecia um indivíduo muito preparado para negociações, de modo que continuou falando.

Talvez, Breno encontrara o seu lar espiritual. Para quê exasperar-se em querer a liderança espiritual da igreja se poderia ser o administrador, aquele que controla as contas e que tem as chaves do cofre. Afinal, quem manda no dinheiro manda no mundo, não é assim? Ele não falara mais em liderança, em marca, em profecia, os seus olhos argutos estavam lendo, na mesa de lençol branco, umas páginas secretas de sua própria ambição, tendo assim encontrado o que procurava. Por fim examinando todos os prós e contras arregalou as sobrancelhas e terminou o seu raciocínio. Eu acompanhara todas as linhas e ele olhou-me de soslaio, sabedor que eu havia feito a leitura corretamente, desviou o olhar e, enfim, sorriu.

Qualquer mudança substancial na congregação deveria ser aceite por todos os conselheiros e pelo corpo diretor sem exceção.

— Seu Eustáquio é possuidor de uma marca e foi abençoado por um milagre. – Breno levantou-se e disse arrebatando a discussão.

Todos calaram-se, pois eram conhecedores da ambição e do esforço que fizera para jogar uma cortina sobre o caso que agora, brilhantemente, invertera o jogo e anunciara publicamente o reconhecimento de que Seu Eustáquio era o escolhido como o líder espiritual. – "Eu não deixava de admirar a sagacidade do rapaz, mas ele tinha ainda mais cartas na manga e continuou destilando o seu veneno."

— E tudo está conforme a profecia de Dª Alda, não entendo porque o senhor se opõem. – Disse Breno dirigindo-se ao Seu Eustáquio. – O senhor deveria sentar-se na cadeira de conselheiro e líder espiritual perpétuo da congregação. – Arrancou o espanto de todos que não entenderam a mudança de ideia do rapaz.

Seu Eustáquio levantou-se para abraçá-lo e abençoar o menino, sendo ele a única oposição até então, para que aquela reunião selasse de vez a sua incontestável liderança. Breno, ainda abraçado com Seu Eustáquio, aproveitou o ensejo.

— Vamos irmãos sem demora votar, pelos poderes a nós conferidos pelo estatuto da igreja, a moção de aceitação ou não da orientação e da ajuda do Sr. Bispo!

Eu tinha meios de contestar a votação, completamente irregular; e sem a participação de todo o corpo diretor, princípio que norteava a assembleia, com base pelo menos nisso, poderia suspendê-la. Porém, estavam costurando algo interessante financeiramente e, inevitavelmente, todos concordamos com a proposta, arrancando do representante do Sr. Bispo um sorriso farto e do mesmo veio a salva de palmas que arrebatou de alegria a mesa.

Aplaudido de pé, lembrou também, com a delicadeza dos assessores, que via de regra são sempre mais polidos que seus patrões, que estando numa reunião de cristãos deveríamos encerrá-la com agradecimentos ao Senhor por nos proporcionar uma nova aliança, fazendo menção da passagem bíblica na qual se menciona que seria bom que os irmãos vivessem em união, versículo apropriado para a ocasião.

A oração foi conduzida por Seu Eustáquio, cujas novíssimas habilidades eram prova cabal de que a mão do Todo-poderoso havia ungido sua vida. A fala educada e vernacular espantava a todos os que o conheciam antes da visita que recebeu de Nosso Senhor. Era curto de entendimento, agora cheio do Espírito Santo, circulava com desenvoltura pelas escrituras e lançava os versículos dentro do contexto que estivesse em voga.

Feita a prece que foi seguida de um amém sonoro e uníssono, o assessor pediu licença e, enquanto o secretário compunha a uma velocidade peculiar os termos da Ata, puxou da sua pasta de couro, selada com um emblema em dourado da congregação que representava e retirou umas folhas de papel de arroz bem cuidadas, trabalhadas com marca d'água da congregação e com o lustroso selo do Sr. Bispo. Estavam previamente endereçadas a cada um segundo o seu posto diretor e com o espaço sublinhado para a assinatura. Nessas folhas estavam os termos de adesão à convenção nacional da igreja do Sr. Bispo, uma minuta indispensável para as devidas e substanciais ajudas conforme expresso no topo da página. A anexação da igreja repercutiria em imediato após a adesão deixando de ser independente para passar a ser uma afiliada da congregação do Sr. Bispo que, entre outras mudanças, estabelecia uma quota de adesão de vinte por cento da receita liquida a ser paga mensalmente ou anualmente, conforme os termos apresentados na reunião de afiliação.

Obviamente, no calor das promessas que estabeleciam a primazia do Sr. Bispo sobre o nosso governo, a ajuda referida começaria desde aquele momento. Habilmente, conhecendo os nossos corações, o assessor entrou em contacto com o Sr. Bispo enquanto Breno distribuía os documentos. Sob a anuência do chefe abriu o talão de cheques para a primeira ajuda consolidada, um pró-labore para os diretores e conselheiros, ressalvando que as eleições para os cargos de Diretor Administrativo, a quem serão conferidos poderes sobre as finanças da igreja e para o Pastor Presidente chamado também, e mais meritoriamente, de Reverendo deveriam ser feitas o mais rápido possível. Enquanto relatava os resultados gloriosos que conquistara, lia a lista de nomes dos presentes para nominalmente distribuir os cheques, conforme constava no endosso.

O gesto solidário e compromissado por todos nós, selaria em definitivo as nossas obrigações para com o nosso sacerdote mor– o Sr. Bispo. Olhando a cifra generosa, decerto posso afirmar que ninguém, nem mesmo o Seu Eustáquio, que a despeito de sua honorífica posição sendo uma vez tocado pelas mãos do Senhor e tendo levantado diversas vezes a contestação da proposta do Sr. Bispo, desta vez, não contestou o cheque, sendo o primeiro a recebê-lo dobrou com cuidado e sorrindo jogou-o dentro do bolso. Todos fizeram o mesmo.

A situação era tão extravagante, que quando o assessor comunicou o convite pessoal do Sr. Bispo para que Breno fosse passar uns dias a sua casa e fosse com ele nesse mesmo dia após a reunião, não despertou em ninguém o mínimo interesse em saber os motivos. Os cheques iluminavam as faces e confesso que, para não cair no erro da hipocrisia, defeito de caráter comum no meio religioso, mesmo quando pusesse o cheque no bolso, eu não teria mais nada a contestar.

Entretanto, o embaixador do Sr. Bispo, tomando de fato a postura de advogado, lembrou que, para efeitos legais, o contrato que fora homologado moralmente precisava de uma formalidade indispensável, a assinatura de todos os membros do conselho e corpo diretor e perguntou em seguida.

— Estão todos presentes?

— Não, falta a Dª Alda que é conselheira vitalícia e honorária. – Respondeu o Presbítero José, antes de fechar a porta e ir-se da reunião.

Todos assinavam, apertavam a mão do assessor, pegavam o cheque e iam-se embora com célere destreza. Tratou-me de forma íntima e delegou-me o cheque de Dª Alda.

— Amanhã mesmo terás todas as assinaturas. – Disse alguém por cima dos meus ombros para o assessor, que lhe acenou positivamente com o polegar esticado.

IX

Eustáquio, já gozando dos benefícios de ser o escolhido, o que lhe facultaria um posto de conselheiro vitalício concomitante a uma oferta mensal igualmente perpétua, fez o reconhecimento do cargo ainda não empossado para assumir uma árdua missão. Valer-se-ia de sua amizade de décadas com Dª Alda e sendo seu filho espiritual competir-lhe-ia uma visita, talvez conseguisse, apelando à amizade para que ela assinasse e apoiasse a nova iniciativa.

Acreditava assim que quebraria as objeções de Dª Alda, uma crente à moda antiga que tinha uma aversão aos pastores televisivos presunçosos que se autointitulam apóstolos, bispos e outras coisas. Com o bom senso apurado de Dª Alda e fiel a seus princípios, assim os descrevia como homens do negócio da exploração da fé, que viajavam em aviões particulares, cercados de joias como os barões do narcotráfico, pregando a palavra de Deus e dizendo-se discípulos de Jesus, um homem que dizia aos seus discípulos que não carregassem nem ouro e nem prata e que dividissem o que tivessem com os mais necessitados. De fato, era contradição demais para qualquer raciocínio razoável, ela costumava atacar assim os modernismos da igreja. Eu mesmo, quando percebia essas contradições, espantava-me. Se fosse levar religiosamente como deveria ser, também compartilharia com ela o azedume por essa gente.

Dª Alda, crente como era, estava ultrapassada e não entendia que os tempos haviam mudado, é também um negócio, apesar de não deixarmos de prestar uma contribuição social e ajuda humanitária servindo o povo. Não foram poucas as vezes que vimos aqueles rostos esmagados pela miséria social e moral, vítimas de toda a sorte de constrangimento, chegarem aos nossos cultos e de lá saírem renovados e cheios de esperança. Boa parte das nossas ações era proveniente do seu esforço. Emocionava-nos ver aquelas famílias desprovidas de tudo carregando o saco de alimentos, os cobertores para o inverno e a cópia do novo testamento cheios de luz e vida. Mas Dª Alda nunca foi profissional e isso era notório, não entendia que precisávamos ter uma gestão financeira, sempre às voltas com dinheiro de menos, era apenas má gestão do negócio e ela, uma boa senhora, muito emotiva para isso e romântica demais.

Não perdi tempo e dei o cheque de Dª Alda a Eustáquio. Despedimo-nos como irmãos abençoando um ao outro e partimos, cada qual para o seu destino. Estávamos mais uma vez nas mãos de Seu Eustáquio, que não esperou o cair da noite para ir ter com a sua amada amiga.

Ao sair da reunião, levaria a cabo a árdua tarefa. Decidido a consolidar aquela situação, com ênfase na necessidade de conseguir aquela assinatura, orou em silêncio. Pôs o cheque de Dª Alda no bolso, apertando-o junto à costura, e foi ter com ela que vivia não muito distante.

Enquanto caminhava, orava intercedendo junto ao Senhor que dobrasse aquele coração e mudasse a sua visão para outros tempos, que enfim estavam a surgir na história daquela igreja destinada ao sucesso. Aflito, tinha sérias dúvidas de como seria recebido. Aquela senhora criaria dificuldades, sabia-se seu afilhado espiritual – "Ela não entenderá!" – sussurrava falando consigo mesmo.

Seu Eustáquio queria pensar, refletir enquanto orava para que o Senhor lhe desse uma estratégia plausível, certo de que a mão poderosa de Deus convenceria aquela mulher que estava na hora de mudar.

Na pasta, portava uma Bíblia, duas cópias do contrato e a folha na qual Dª Alda deveria assinar para homologarem o acordo. Atravessou o bairro, cercado de indústrias metalúrgicas, cortado pela grande avenida que cruzava a cidade de leste a oeste, não deu atenção aos transeuntes que o cumprimentavam ao que respondia com um simples:

— Tudo bem... – seco, puro e simples.

Estava demasiado concentrado que nem se deu conta dos meninos que fumavam um cigarro na passarela e cuspiam nos carros que passavam dez metros abaixo. Não prestou atenção na pobreza galopante daquelas paragens, um outro pedinte balbuciou palavras desconexas. O cheiro acre dos combustíveis queimados, o misterioso perfume que exalava de um rio apodrecido pelos dejetos do esgoto vizinho de uma grande indústria farmacêutica. Coisa que sempre comentava e alguma crítica fazia. Desta vez, tenso e refazendo argumentos bíblicos, treinava com tal concentração que nada disse.

Atravessou a avenida e apertou o passo na intenção de chegar antes do crepúsculo, que amainando o sol, anunciava o seu nascimento. Foi seguido por um cão que abanava o rabo, ele o acompanhou durante um tempo e reconhecendo não ser o seu dono, que decerto o abandonara, parou e recuou fungando o chão no encalço do desalmado que o deixara só. Por fim, antes da passagem de nível da ferrovia que transportava a maquinaria pesada que as indústrias do bairro enviavam para outras cidades, antes de cair da noite, abrandou o passo e de tanto massacrar a cabeça com interrogações inexistentes, não pôde perceber que estava diante da casa de Dª Alda.

Um terreno grande com aspecto de quinta, um logradouro com espírito de casa de campo, porém, localizava-se no mesmo bairro de toda a nossa igreja, nos subúrbios da cidade, era arborizado e com um jardim cuidado com zelo. Embaixo do abacateiro, onde dispunha de troncos antigos de boa madeira, agora transformados em mesa e cadeiras para o serviço de oração e acompanhamento, Dª Alda não arredava pé de realizar o seu projeto social. Assim o chamava, pois consistia em acompanhar literalmente os progressos das famílias ajudadas.

Estava D. Alda cercada de algumas pessoas que ouviam a sua poderosa palavra, serviam-se de café e bolos de fubá, que ela mesma preparava, cujo aroma perfumava a rua e a entrada da propriedade.

Eustáquio ficara ali parado na entrada que não contava com porteira. Aliás, o terreno era circundado por árvores e arbustos cuja invasão dos moleques da rua não a incomodava e todos retribuíam com respeito ao espaço reservado por ela para as brincadeiras de bola e o soltar dos papagaios, que por aqui era diversão levada a sério.

Dª Alda estava ali, sentada, com um vestido amarelado muito decente e com os cabelos em coque como de costume. Uma mulher muito elegante que severamente se vestia e nenhuma maquiagem lhe riscava o rosto, Não obstante, era belíssima ainda que a idade tenha penalizado a sua feição de tez morena e lisa. Eustáquio parado à entrada, com aquela aparência imponente, chamou a atenção das meninas assistidas pelo programa social. Chamou a atenção o visitante, nunca visto naquelas paragens, mas, conhecido de todos. Dª Alda retirou os óculos de aros vermelhos de leitura e abrindo o seu cativante sorriso chamou-o.

— Ora vejam só, meu filho espiritual, meu velho amigo. – Levantando-se, convidou-o a entrar.

— Posso? – Perguntou ele pedindo permissão para entrar.

— Já vistes alguém pedir para entrar na minha casa? Disse ela contraindo os lábios como fazia quando era contrariada. – Quanto mais tu, meu filho. Entra logo Eustáquio. Vamos. – Concluiu acenado com a mão direita para que entrasse.

Abraçaram-se e ela, ressabiada por seu filho espiritual e velho amigo há muitos anos não a visitar em sua casa, abraçou-o com afeto, com amor e as irmãs de oração que a acompanhavam nas atividades sociais levantaram-se, apesar da sua resistência, despediram-se educadamente vendo ser um momento particular deles e foram embora.

— Oh, meu filho. Quanto tempo? – Disse amorosamente enquanto apertava Eustáquio contra o peito, amassando o vestido cuidadosamente passado.

— Dª Alda! Preciso muito de falar com a senhora... – disse quase sem abrir a boca.

Pararam um em frente ao outro, os braços formando um paralelo e abraçaram-se de novo ternamente.

— Vamos sentar meu filho. – Apontando para um dos troncos que tinha uma pequena almofada coberta com tecido grosso.

Entreolhavam-se com ternura e aproveitando as luzes que o dia ainda proporcionava e sabendo que o seu café era famoso pela qualidade, uma combinação perfeita e uma técnica apurada de cozinha-lo junto com a água que o tornava de sabor incomparável, Dª Alda disse:

— Aceita um café de sua amiga? – Sorriu.

— Claro, não existe café tão saboroso quanto o seu. – Respondeu tentando manter-se concentrado e ganhar tempo para que surgisse o momento ideal.

Tomou a xícara em suas mãos, agradeceu à amiga e repetiu o gesto bebericaram o café, silenciando qualquer palavra, saboreando-o, deixando-o deslizar pela boca e descer até à garganta, aproveitando cada parte do famoso sabor. Pousou a xícara na mesa, cujo tampo era um tronco mais avantajado que guardava a garrafa térmica, algumas xícaras e o tabuleiro com o bolo de fubá que gentilmente recusou.

Pensativo, Eustáquio olhou para o céu em sua última súplica e querendo resolver o problema antes de cair a noite, pois aquela parte da zona do bairro era perigosa, pressionou de leve o bolso no qual estava o cheque e começou:

— Dª Alda... – pigarreou, pondo a mão fechada a frente da boca.

— Chama-me de Alda, por favor – interveio a gentil senhora e prosseguiu. – E antes de falar termina o café... se não ele esfria e a conversa arrefece. – Ambos riram e terminaram as doses de café colocando as xícaras novamente em cima da mesa de serviço.

O silêncio que antecedeu a fala de Seu Eustáquio era suficiente para ela. Médium, acostumada a ler as almas e penetrar no mais profundo íntimo do ser humano, percebeu uma sombra negra pairada sobre ele. Estarrecida por ver uma mancha sobrevoar o antigo pupilo afastou-se um pouco, alguns centímetros apenas para desviar a ação e o alcance daquela sombra negra sobre ela. Eustáquio, cujas imperfeições espirituais não lhe permitiam ver ou sentir aquela influência, que avançava e recuava em direção a Dª Alda, cuja experiência com o sobrenatural, podia manter aquela onda negativa afastada de si. A sua dor era não poder ensinar a nenhum de nós sobre aquela estranha realidade espiritual, não tínhamos na verdade entendimento e, para escapar da pilhéria e do descrédito que viria de certo fruto da ignorância de nossa parte, desdenhávamos tudo que não entendemos, ela sabiamente mantinha-se no mais absoluto silêncio sobre isso.

Entretanto, sentindo com a sua imensa sensibilidade uma presença hostil, malsã, circundando, a envolver completamente seu filho espiritual, e vendo que aquela força negativa não abandonaria o recinto sem resistência, entendendo que teria um combate com aquela força negra que a Eustáquio circundava cada vez mais, falou com firmeza:

— Diz logo o que vens fazer aqui?

Eustáquio ficou um pouco chocado com aquela mudança de tom e olhar da amiga, ignorando completamente as forças espirituais que estavam em jogo, sendo ele mesmo parte do jogo, sem ao menos entender as regras, respondeu:

— Dª Alda – voltando a formalidade, – nossa igreja foi visitada por um advogado na reunião do conselho, um representante do Sr. Bispo...

— Quanto ele ofereceu? – Interrompeu ela o amigo.

— Bem, não foi assim. A reunião...

— Que reunião? – Ela continuou firme no interrogatório. – Não fui informada de nada. – Disse a nobre senhora já com as feições contraídas.

— Dª Alda, a diretoria reuniu-se para prepararmos o primeiro congresso, tamanha foi a procura de pessoas que se seguiu após ao cumprimento da sua profecia.

— Cumprimento da profecia? – Perguntou, arregalando os olhos perplexa.

— A Dª Alda não vê? – Inclinou ligeiramente a cabeça mostrando o sinal, cuja marca da sutura cortava toda a extensão como um rio sinuoso. – Fui reconhecido desde o avivamento no hospital.

Ela, cada vez mais chocada com tanta estultícia e certa de que aquela sombra negra envolvia Eustáquio completamente disse:

— Que dizes? Meu filho, que loucura.

— Fui reconhecido desde o avivamento na saída do hospital...

— Que avivamento? Aquela explosão de gente histérica? É isso que é avivamento para vocês? – Pôs a mão na boca absolutamente indignada e vendo que a sombra negra tomara inteiramente o seu pupilo, quase não vendo o seu rosto, que era uma massa disforme enevoada, franziu os olhos para forçar a visão do rosto dele em vão...

— O assessor do Sr. Bispo quer ajudar a igreja e não pediu quase nada em troca. – Disse Eustáquio recuando um pouco o rosto e sorrindo para aliviar a tensão da amiga, cuja natureza da preocupação ele pressupunha erradamente.

— Tu achas? – Respondeu ela fechando abruptamente a feição – Achas mesmo que aquele sujeito não vai querer nada em troca? Francamente... Ele quer comprar-vos a alma, não vês? É o mesmo espírito maligno que vos quer, que está a tomar a vossa alma a baixo custo. – Abriu os braços aclarando o que dizia.

— D. Alda, bem, há aqui... – Eustáquio completamente trêmulo, abriu a pasta, falando em tom misericordioso, pegou a cópia do contrato. – Como vê, está tudo claro! Não há condição determinante para o auxílio... – disse isso pontando para a cláusula que determina não quererem nada em troca da ajuda do Sr. Bispo, Dª Alda nem mesmo leu ou sequer olhou para o documento.

— Querido, – ela o interrompeu, pondo as mãos no rosto de Eustáquio sem olhar para o papel timbrado – não vês que isso é o beijo do Diabo? Esse homem é um proxeneta...

— Equipamento de som, instrumentos, transporte próprio, e uma nova sede. Imagina... Possibilidades infinitas... – Eustáquio interveio ignorando o discurso dela e não a deixando prosseguir com os insultos.

— Sem nenhuma contrapartida Eustáquio? – Dª Alda riu-se zombando.

— Bem, – respondeu Eustáquio escolhendo as palavras e prosseguiu – pediu somente a adesão à sua convenção e o direito de indicar um candidato a presidência da igreja...

— Presidência? Candidato? Será possível que vocês pensam assinar essa imundície? – Completamente indignada apontou a folha com desprezo absoluto. – E nós vamos ter eleições? Não é mais o Espírito Santo que governa a igreja? Agora vocês trocaram a orientação do Senhor pela de um vigarista? – Disse quase chorando e pondo as mãos sobre o próprio rosto com vergonha de seus irmãos da igreja.

— Todos já assinaram. Obviamente, falta somente a Senhora. Por isso, estou aqui apelando para o seu amor pela igreja e pela consideração pelos irmãos. – Retorquiu Eustáquio na esperança de dobrar a senhora e cumprir a sua missão acreditando que o próprio espírito de Deus ajudaria a convencê-la.

Eustáquio segurou a folha no colo e colocando a mão no bolso apertou o cheque, sem saber como chegaria aquele pagamento ao portador, empurrou-o levemente de volta para o fundo, retirou a mão de dentro e bateu levemente na parte exterior do bolso, acariciando o valor que muito influenciaria qualquer outra pessoa. Mas da forma irresoluta que ela apresentou os seus argumentos, queria deixar essa ação para após a assinatura do contrato que seria homologado com o pagamento. Crendo ele que a sua velha amiga não declinaria dos zeros assomados ao numerário, assim como convenceu todos dobrando a ética coletiva e as reservas, inclusive as suas contestações que, após receber a indicação para o posto sonhado e receber o pagamento pela assinatura do contrato, considerou o valor suficiente para silenciá-la das suas preocupações.

Olhando para ele, Dª Alda pensou em dizer-lhe algo, mas ponderou, pensou. Pôs outra xícara cheia de café que soltava o fumo precioso, bebericou soprando a borda da porcelana fina, – talvez o único luxo que desfrutava aquela rigorosa cristã – lentamente bebia e fechava os olhos apreciando o sabor, terminou de beber e pôs cuidadosamente a xícara no tampo da mesa improvisada, pondo Eustáquio no limite da paciência, tamborilando as mãos sobre as pernas, tenso, excitado com a resposta que viria, ainda com a cópia do contrato na mão, exasperado por um aceite como um vendedor que tenta quebrar as objeções do cliente e precisa aguardar em silêncio o sujeito consultando a consciência. Por fim, com a chegada do fim do dia, Eustáquio observou nuvens escuras avolumando-se e cobrindo o céu com uma espessa massa negra, soprava um vento gélido que varria a fina poeira levando minúsculos galhos secos a rolarem pelo chão, o movimento que ensaiava a tempestade aumentou a pressão, mas

Dª Alda, impassível admirando a mudança brusca do tempo, levou-o à decisão mais arriscada de todas quando perguntou peremptoriamente.

— E então, Dª Alda vai assinar ou não? – Estendeu a folha para a amiga.

Ela desferiu um olhar de desdém para aquele pacto nefasto que mataria todas as suas esperanças, que trairia todos os seus princípios. Não vendo mais o amigo, mas sim uma intensa sombra negra que o tomava por completo, onde apenas uma mão se estendia para fora do negrume do espírito com a folha a balançar pelo vento, que por fim, voou para longe caindo no terreno e ela observou o voo ligeiro do papel retirado às pressas da mão do seu amigo e respondeu com veemência.

— Não! – Cruzou os braços, dando uma resposta completa, irrevogável.

Eustáquio, nem se deu ao trabalho de correr como uma criança atrás de um papagaio qualquer que se perde. Fechou a pasta, bateu uma vez mais no bolso e grosseiramente, desapontado pela resposta, partiu, deixando, para surpresa de Dª Alda, outras massas negras permanecerem na residência.

Ela encarou aquela brisa maligna, mas confiando em sua luz entrou assim que viu distanciar-se o seu ex-pupilo e tingida da fria chuva que chicoteava-lhe o vestido simples. Os raios que se seguiram, fizeram-na entrar e trancar as portas desprezando aquela presença maligna que entrara juntamente com ela, não cedendo às suas orações. Orgulhosa, resistiu à tentação. Sem dizer palavra, pegou a Bíblia com firmeza e leu em voz alta a passagem da tentação no deserto que Nosso Senhor vencera.

Tomou uma folha branca e escreveu. Testemunhou a sua aventura e a visita que recebeu do diabo através do seu antigo amigo, por quem nutria uma paixão secreta esmagada pela transformação do jovem de Deus, agora vencido pela ganância e pelo orgulho, virou emissário do sujeito abjeto, como ela considerava o Sr. Bispo. Não poderia corroborar com aquele contrato, não poderia trair a sua fé depois de ter vencido todas as tentações que se fazem mais suscetíveis na juventude, não cederia agora, após consolidada a sua fé e pronta para o juízo.

Lavou-se e orou, ardentemente orou. A eletricidade fora cortada pelas forças da tempestade, que lavava as paredes e estourava transformadores de luz. A chuva golpeava o telhado da casa e a violência das águas rompera algumas telhas abrindo inúmeras goteiras que não pouparam parte alguma da casa. A sombra densa a oprimia e ela repreendia como havia aprendido, mas o mal-estar que se seguiu provava que ela não conseguira expulsar o inimigo, que a sufocava e anuviava a sua visão. Escrevia a carta quase às cegas.

Deitou-se e, não tendo outro remédio, um cansaço sobrenatural comprimia-a. Deitou-se confiando que aquele ou aqueles espíritos, que pela pressão exercida, faziam-na pensar que eram muitos, se afastassem. Perseverou em oração e meditou sobre tudo noite adentro, exorcizando baixinho, balbuciando orações de proteção espiritual, expulsando da imaginação aquela força maligna, ainda assim, sentia falta de ar com aquele fumo pesado que se agigantava no quarto.

Lembrou-se da terra onde nasceu, da família que abandonou e que se deixou abandonar. Pensou na infância, em como era inocente e doce. Nas tardes na fazenda quando ouvia a voz da sua mãe chamá-la com carinho. Quando cavalgava juntamente com o seu pai, que guiava o manso cavalo marrom usado para treiná-la quando pequena. Do cheiro do café que a sua mãe preparava e das histórias de assombração à luz da fogueira de inverno, onde as batatas-doces fumegavam sob brasas nas festas de junho. Das noites de luar, dos mergulhos despretensiosos no rio... Lembrou-se de tudo em imagens céleres, as cenas vivenciadas em frações de segundos. Entretanto, continuava a sentir dor, sufocada por uma dor no peito intermitente, não deixou de escrever esse breve relato. A satisfação que beirava a soberba e não vendo mais a sombra negra na sua casa, concluiu a carta. Trêmula, reunindo as poucas forças que lhe restavam, endereçou a um certo pastor daquela congregação cujo nome começava com "A..." e o restante ficou bastante ilegível. Foi assim que chegou a mim pela autoridade notória ainda de meu pai, sem certeza que me era endereçada, mas na falta de um outro herdeiro, ou outro substancial destinatário que poderia ser o verdadeiro endereçado.

O corpo, ainda com boa coloração, com as mãos sobre o peito, mas com uma expressão de felicidade que sorria a visita da morte. Os fortes ventos escancararam as janelas, a natureza deu-lha, pela graça da chuva imensa, um último banho lavando seu corpo vestido com decência e sobriedade. Recostada à parede junto as janelas agora abertas, morreu de olhos abertos, sorrindo, com os cabelos soltos e expressão dos que morrem com a consciência tranquila, salva e pura.

Quando o corpo foi liberado, documentado, com os devidos certificados e laudos entregues a quem de direito, a igreja providenciou todos os trâmites comuns e legais – "testemunho que tudo foi tratado com lisura." – Os vizinhos aguardavam informações sobre os apontamentos do culto, velório, enterro, enfim, os processos da cerimônia do adeus. Nos cafés, nas praças, entre todos os ambientes de convívio, o único assunto era o enterro de Dª Alda.

No dia marcado, os membros da igreja trabalharam durante as exéquias, um trabalho solidário, voluntário, uma vez que o cheque destinado à D. Alda estava perdido desde a funesta noite, fomos caridosos e o Sr. Bispo também, vimos os louros da repercussão, um velório apinhado de gente testemunhando o adeus aquela santa popular. As lágrimas dos presentes eram abundantes e a nossa assistência intermitente, o que só fez aumentar a nossa popularidade. O fluxo contínuo, como um rio, somente foi travado no outro dia para o enterro, já atrasado mais do que suficiente.

O funeral, pago por insistência do Sr. Bispo com fundos de seu patrimônio pessoal, causou boa impressão, e o povo, desconhecendo os pormenores dos investimentos em marcha, não se inteirou e viu no gesto bondoso do novo patrono um sinal de humildade e amor.

Por fim, antes do caixão deixar os átrios da capela mortuária, ele próprio, em carne e osso, o Sr. Bispo em pessoa, envergando um fato bem cortado, emanando aquela aura dos que vivem em fartura e acompanhado pelo seu próprio canal de televisão em campanha sistemática. Primeiro entram as câmeras de vídeo e seus operadores, depois abre-se um espaço entre as pessoas e um magricela de óculos, de grossas lentes, arruma a cena e coordena o vídeo como um diretor. O Sr. Bispo parou na entrada, ajeitou o paletó, empurrou com o indicador direito os óculos de sol alinhando-os, esperou o sinal do diretor, que filmou-o entrando triunfalmente no velório. Tomou a palavra com autoridade de patrono e pastor, estabeleceu o silêncio necessário o que foi prontamente respeitado pelos presentes, para bradar:

— Adeus minha amiga, a sua obra não morrerá! – Passando o lenço por baixo dos óculos escuros como se chorasse.

O bispo era de fato um homem diferente, tinha um posicionamento quase ensaiado, eloquente e aplicava técnicas de linguagem corporal. Muito talentoso, ele é um exemplo no nosso universo pentecostal.

X

Passado o rápido luto, o povo que era assistido por Dª Alda multiplicou-se e todos se deixaram aos nossos cuidados. Agora, assomados aos serviços que tínhamos, havia mais esse assombro de gente necessitada de tudo. Havia mais urgência em iniciar o acordo com o Sr. Bispo e assim fizemos.

No primeiro final de semana, após a morte de Dª Alda, começaram a chegar as máquinas para derrubarem a antiga sede da nossa congregação e um micro-ônibus com rapazes e moças trajando camisas estampadas com o logotipo da nossa igreja, começando de imediato a distribuir convites nos quais o Sr. Bispo demonstrava a honra que seria o próximo culto já com data marcada. Seria realizado na sede da sua Congregação, assim como os cultos subsequentes até ao término relâmpago da nossa nova sede.

Soube depois, que no mesmo dia do enterro de Dona Alda, no qual Breno repetia os gestos do seu mestre cuidadosamente ensaiados, não esquecendo o lencinho por baixo dos óculos, que o Sr. Bispo se simpatizara tanto com o talentoso músico, que após dois dias de ter estado em sua casa, voltara para lá como se fosse o filho de fato, o herdeiro do Sr. Bispo, indicado para ser o seu homem na congregação. Estava claro e manifestamente ao espírito venal do moço e de sua noiva, que faria a ponte para que ele – o Sr. Bispo – dirigisse a igreja e as suas finanças sem nenhum pudor. Breno agora era o orgulho da família e tinha a bênção dos membros.

Júlia, que ainda não tivera notícias do seu noivo, e por não ser membro do conselho diretor da congregação, ignorava por completo as deliberações, foi à igreja e, ao ver-me, perguntou por Breno. Na verdade, ficou a saber por mim que ele ainda estava em casa do Sr. Bispo. Agradeceu-me cordialmente e pôs-se a caminho da casa dos pais dele. Com um sorriso indisfarçável no rosto.

Ela era cumprimentada nas ruas pelo povo que via naquela formosura a eleita do rapaz abençoado e que eles teriam a sorte de ter o Sr. Bispo por perto impondo as mãos sobre o jovem casal que decerto terminaria os seus dias embalado pelos braços dos arcanjos do Senhor, desfecho mais que merecido para quem viveu tantas honras espirituais. Mas ela, mais preocupada com as resoluções que aconteceriam em casa do patrono milionário, não ouvia direito os elogios e as lembranças enviadas aos seus pais, ao que respondia sempre com um "Amém" ou um "Glória a Deus", apressando os passos para ouvir o que teriam os pais de Breno para dizer.

Foi recebida por eles que a abraçaram e choraram extasiados em tê-la na sua casa, uma menina sortuda que arrebatara o coração do abençoado filho. O pai participou-lhe que ainda não tinham notícias do que fora conversado, mas Breno telefonara para avisar que tinha boas novas e que voltaria hoje para casa. Disse a última palavra com um sorriso largo, mudando a feição logo em seguida para lembrar que William, o filho mais novo, não estava em casa para saber das novidades e isso lamentaram de fato. Júlia, cuja curiosidade sobrevinha quase sempre de uma ideia peculiar, quis saber o destino do futuro cunhado, o pai enfurecido, disse que certamente estaria na casa daquele músico de arte mundana que vive dos espetáculos em casa de moças da vida.

O velho homem desconhecia que um músico de jazz, não menos religioso ainda que não tenha condescendência do restante da comunidade evangélica, ouvisse "Miles Davis" e varasse noites sóbrio embalado pelo jazz. Jansen era filho de alemães cuja herança se resumiu na alongada figura de cabelos quase alvos. Da música, chamada por nós de secular, tirava a sua renda nos clubes noturnos da cidade onde o seu estilo era muito apreciado. A sua casa de dois andares estava apinhada de discos de vinil, possuía uma invejável coleção de grandes nomes do jazz e na sala, um quadro emoldurado de "Thelonious Monk" e tinha uma agigantada moldura com a capa do emblemático álbum "Kind of Blue" com um desenho do contorno do rosto de "Miles Davis". Jansen igualmente havia rompido com a igreja, ainda que se mantivesse cristão, não encontrou outra saída. A pecha de profano acompanhou-o e rejeitou com veemência a esperança de reconciliar-se com a comunidade cristã mais devocional. William, também apreciador eclético, que situava diferentes ritmos ao seu gosto igualmente vário, encontrara no rapaz culto e músico um amigo e confidente.

O irmão mais novo de Breno era igualmente talentoso, porém, não rompera em definitivo com a ortodoxia da igreja por medo das consequências, problemático quanto às suas práticas constrangedoras em relação à doutrina, ajoelhava-se todo o domingo digerindo a difícil tarefa de ouvir os seus pregadores condenarem o ato obsceno que era o seu prazer contumaz, a tudo escutava impassível, e com a doutrina concordava. Mas a proximidade com os rapazes do mesmo sexo sempre o constrangera, de forma a tornar cada vez mais insustentável a sua vida na congregação. Com efeito, era assunto privado que não compartilhava com ninguém, até mesmo comigo que sempre escutara os seus lamentos desde a infância.

Eustáquio, satisfeito pela indicação de Breno e ansioso para saber as novidades que teria a contar a todos dos assuntos celebrados na casa do chefe, era reconhecido nas ruas pelo povo que lhe pedia orações pela família e por eles mesmos, ao que respondia com afagos e com um simples "Deus te abençoe", que na falta de algo melhor servia às aspirações milagreiras. Seguia concentrado na honra de ter sido convidado pela primeira vez, a casa de crentes verdadeiros, como cria ele ser a família de Breno, para abençoar o jantar em homenagem ao retorno do rapaz.

— Deus cumpre as suas promessas! – Repetia como um mantra, não tendo, porém, os elementos daquelas bênçãos, além do grandioso crescimento da igreja e da sua receita que transformar-se-iam, com a orientação do Sr. Bispo, em uma casa rentável, uma casa próspera e valiosa.

Lembrou-se do momento em que insinuou Breno ser ele o possuidor da marca. Lembrou-se de Dª Alda, a falecida irmã e amiga. E chegou Seu Eustáquio à casa de jardim verdejante. Antes, porém, de bater à porta, Júlia, que o vira pela vidraça, correu para abri-la, o que foi comemorado pelos presentes que ainda não entendiam ao certo a intenção do filho em convidar alguém que nunca pisara em sua casa nem para consertar um arremedo qualquer de alvenaria.

Cumprimentou a todos, especialmente a Breno que o convidara sem esquecer o agradecimento pela lembrança. O pai de Breno, também missionário e que chateava toda gente com as suas histórias insossas de aventuras com a Bíblia na mão, cuja noite foi ofuscada pelo brilho do filho querido, não tomaria a atenção merecida ao rapaz, ocupou-se de pôr o terno do Seu Eustáquio no cabideiro que ficava à direita da porta. Convidou os presentes a sentarem-se à mesa, bem-disposta e guarnecida com talheres apropriados.

Eustáquio fez os agradecimentos a Deus pela refeição, pela cozinheira, pelo momento que os juntou, e pediu uma bênção especial para a igreja que, merecidamente, obrigava a todos que passavam pelo bairro a admirarem as suas luzes no ininterrupto trabalho no canteiro de obras, que a tudo era respondido ao término com um sonoro e uníssono amém.

Mal começaram a servir os pratos, o que fizeram em self-service, Breno levantando-se, bateu no copo de vidro para chamar à atenção solene dos comensais e disse:

— Tenho nas minhas mãos uma carta, de próprio punho do Sr. Bispo, aconselhando o voto e apoiando-me incondicionalmente para a... – fez uma pausa – ...a Presidência Administrativa da igreja.

A família ainda não entendera a troca de postos que alegrara tanto o jovem, que abrira mão do cargo de reverendíssimo para atrelar-se a um escritório e dar-se a papeladas e contas.

Breno, que tirara aquela noite para esclarecimentos, anunciou que Seu Eustáquio era o escolhido e que a marca era evidente e irrefutável. Sugeriria inclusive que ele, dado que fora escolhido pelo Altíssimo, não deveria ser submetido ao voto, mas antes homologado pelo conselho atual e ratificado como carta compromisso pelos candidatos ao pastoreio, cujo eleito quem quer que fosse empossado, teria direito sob contrato beneficiário de rendimento vitalício, conforme acordado na reunião preparatória. Assim, arrancou a concordância imediata dos presentes. Começou a falar da intenção, sob as bênçãos do patrono poderoso, dada como certa a sua escolha. Pôs-se a falar de finanças e investimentos e negócios, revelando uma faceta sua desconhecida dos familiares, que acostumados aos concertos virtuosos, viram o seu menino inclinado para as finanças e, graças à inteligência afinada do rapaz, inteirou-se de dados financeiros com sagacidade e visão.

Conforme falava dos seus planos, recém-adquiridos, para os negócios da igreja e dos investimentos que planeava, foi-se aclarando a sua intenção e o motivo da sua troca de cargos tornou-se cada vez mais nítida, sendo o seu mentor quem era.

Os motivos eram incentivados pelo chefe que agora orientava a todos, definia os devidos passos a serem seguidos, a título da sua experiência, em que na sua empresa vitoriosa os seus conselhos eram acatados e seguidos sem discussão. Breno entusiasmou os que o ouviram falar ao longo daquela noite.

Assim sucederam esses fatos, de forma que, o culto elegantemente decorado no espaço emprestado do Sr. Bispo se realizou. Foram divididas as ofertas e a arrecadação da noite acrescentou grande quantia de recursos, coisa que nos impressionou na hora do rateio. Verdade seja dita, todas as garantias que o Sr. Bispo nos deu, foram cumpridas sem nenhum retoque, e tudo transcorreu na mais perfeita ordem, acrescentando dezenas e dezenas de almas aos quadros da igreja, cujo salão da congregação que aderimos nos conferiu muito mais ganhos do que perdas, estreitando os laços entre as nossas congregações, que agora fundidas sob a tutela do chefe, que fez a pregação e o apelo a salvação dos novos convertidos, abrilhantou mais o culto.

Já não tinha nenhuma dúvida, a intervenção do chefe foi acertada e os benefícios eram maiores do que os prejuízos. Tudo ao final do culto era coordenado pelo Sr. Bispo, que pode dizer-se, administrava tudo com maestria. Eu mesmo presenciei as ordens administrativas dele. Admirei todo aquele domínio nos negócios, da fartura de recursos que permitiam-lhe abrir mão das ofertas e a metade dos dividendos. Não era exatamente o que havia combinado, mas a metade disso era uma soma tão fabulosa de dinheiro, coisa que nem me atrevo a mencionar. Somente naquele domingo, foi um valor maior do que arrecadamos durante todo o ano. Isso sem falar nos dízimos, compromisso do crente com Deus, é preciso ser dado de coração fazendo do ato uma devolução ao que Deus lhe dá durante o mês. É um argumento que faz sentido para o povo, para o seu próprio bem e obviamente, conforme a convenção de qualquer igreja, o dízimo pertence à igreja a que pertença o membro. Pelo que, não questionamos nenhuma partilha disso.

O Sr. Bispo chegara de helicóptero depois de mais uma pregação televisiva que embalava as senhoras evangélicas que costumeiramente assistiam o seu programa de conforto espiritual e logo, utilizando aquele jeito de coordenador orientou as diretrizes.

As eleições aproximavam-se e os candidatos, lançando mão aos estratagemas dos políticos tradicionais, limitavam-se a criar coligações com o corpo administrativo. O candidato a Reverendo teria um mandado de três anos, ao fim dos quais novas eleições seriam realizadas. O chefe alertou os irmãos de que o pressuposto principal da ajuda era que a orientação dele seria inquestionável pelo bem da igreja e que o presidente administrativo teria total autonomia das finanças, dispondo das prerrogativas de administrador, a quem não deveria satisfação a ninguém a não ser a congregação mãe, que era precisamente a dele e zelaria junto ao administrador pelos bens da igreja. Argumentou que se essas decisões do administrativo-financeiro fossem discutidas na nossa igreja, não faria sentido o acordo pré-estabelecido. De modo que, a atenção do chefe era no sentido de administrar essa recém-afiliada da congregação.

Entretanto, o chefe alegava que o objetivo da sua concentração na parte financeiro-administrativa tinha a intenção pura de poder proporcionar uma perfeita saúde financeira da instituição, coisa sem a qual nada seria possível. Com efeito, os lucros a serem divididos seriam primeiro gerados pela organização do Sr. Bispo, portanto, sob qualquer ponto de vista era vantajoso para nós.

Continuei ali sentado, atento ao discurso elucidativo do chefe, que tinha agora direito às indicações. Todavia, ele dominando por completo a reunião, não parava de falar sobre capital, receita, despesa, contabilidade, ao que, se não fosse o cartaz dizendo "Jesus é o Senhor", que afigurava em tom azul e branco por detrás dele, não teríamos como saber que se tratava de uma igreja ou uma empresa qualquer. Toda a sua apresentação era rodeada de evasivas no que toca ao religioso ao espiritual. Muito hábil no discurso, desfez o mal-entendido, dizendo que o seu motivo para urgência organizacional do administrativo-financeiro era para o bem de todos. Se ele participava da prévia era para que não houvesse dúvida da sua boa intenção e o claro benefício já visto por todos da sua intervenção provava inclusive que Deus estava a aprovar a sua missão, tendo em vista que as bênçãos financeiras não paravam. Provas da presença de Deus, segundo ele.

Ouvindo todas as explicações, senti uma presença estranha ao meu lado, quase espiritual, sussurrar-me alguma coisa. Fui percorrido por um arrepio que subia e descia-me pela espinha, causando-me um frio e uma sensação incômoda, quando escutei-o salientar o seu direito a indicar um candidato.

Prendendo hipnoticamente a atenção da assembleia, na qual todos os candidatos sonhavam escutar os seus nomes. Fomos surpreendidos quando o chefe não se pronunciou sobre o cargo de Reverendo ou Conselheiro, mas, antes sorrindo com satisfação e arrancando aplausos dos entusiastas de Breno. Ele mencionou o seu nome para a presidência administrativa financeira, que logo o foi cumprimentar num longo abraço e falou-lhe algo ao ouvido. Pouco depois, anunciou que aconselhava aos membros, o nome de Seu Eustáquio para o cargo de Conselheiro de honra e líder espiritual da igreja, tendo ele a marca. Não seria conveniente a nenhum crente submeter à eleição alguém escolhido por Deus. Mencionou a história de Samuel e do desagravo que Deus sentiu quando o povo israelita preferiu escolher um rei do que submeter-se ao Senhor YHVH na regência do povo eleito. Obviamente, a retórica irretocável foi aprovada. A moção por aclamação dispensada da apreciação do conselho tendo em vista a unanimidade das intenções.

Eu continuava incomodado por aquela sensação de desconforto e dor muscular que não parava por mais que mudasse de posição, de súbito levantei e disse:

— Quero candidatar-me à cadeira do Reverendo em memória de meu pai!

Houve um silêncio perturbador e uma atenção curiosa, pois sempre me desvencilhei do sonho do meu pai em lançar-me ao pastoreio, que era sabido por todos os presentes a minha falta de interesse no cargo, apesar de secretamente ambicioná-la tanto como os outros. E ali, no meio dos candidatos que almejavam a atenção dando seus apartes e intervenções ainda que pífias, surpreendi a todos anunciando a intenção, e pondo o meu pai como símbolo deste desejo. Confesso que não acredito em manifestações sobrenaturais e muito menos em presença de espíritos, mas foi desconcertante que, após anunciar minha candidatura, aquela presença incômoda sumiu, coroando esse desejo como a memória de mais alguém. Ninguém falava nada e não foi a reação que queria, mas liberto desse fantasma, a minha liquidação nas urnas liberar-me-ia definitivamente dessa história.

Mas então, ainda com o seu pupilo ao lado, o Sr. Bispo disse apontando para mim.

— Filho! Em honra do fundador da missão, tens o meu apoio!

Então a assembleia transformada em claque aplaudiu-me, virando-se para mim, e fui ovacionado, surpreendendo-me e consolidando a inexorável liderança do Sr. Bispo. Com efeito, já não tínhamos candidaturas independentes e os candidatos eram de alguma forma titulares de postos da igreja, seja deliberativo, seja administrativo, de forma que não teríamos novidades. Os candidatos que insistiam em almejar ao posto de reverendíssimo, por falta de respaldo maior em geral irrelevante, a vida da igreja faria com que os membros desconfiassem das suas verdadeiras intenções.

Assim aclamado, fui cumprimentar Breno e obviamente o chefe. Os dados foram lançados.

XI

Na manhã seguinte, após o café, o meu correio eletrônico estava apinhado de mensagens de encorajamento e felicitações, quase sempre sendo chamado de Reverendo e acompanhado em cada menção ao título honroso, lembranças do esforço de meu pai numa sucessão hereditária. Esperavam, os que me felicitaram, uma continuação do governo do velho pastor. Sentia-me eleito sem dúvida e o calor das mensagens intuía que a minha candidatura era esperada pelos membros. Finalizou uma espera que nem mesmo eu conhecia. Os membros devotos, fiéis à ideia da divina sucessão, criam que o mais certo era manter o que Deus instaurou. Levando ao dogma da anuência divina sobre a legitimidade das autoridades.

A minha esposa e meus filhos, ainda pequenos, estavam entusiasmados pelas notícias da eleição e adiantaram as suas férias, combinando o trabalho doméstico com as férias da escolinha dos meninos. A casa acordou em polvorosa, ela andava de um lado para outro enquanto as crianças, excitadas pela possível aventura na casa dos meus sogros, guardavam previamente os seus brinquedos preferidos fazendo as malas. A minha esposa, com a habilidade de uma dona de casa dedicada que era, preparava o café, fritava ovos e esquentava os pães no forno enquanto falava ao telefone com os seus pais, que arrumavam a casa de campo para receber a filha e os netos. Eu ali, sentado a ler o jornal, era ignorado pela família que não me incluíra no programa de férias. A bem da verdade, era uma gente que babava pelos meus filhos, ainda que os miúdos fossem chatíssimos por natureza. Beijou-me a cabeça assim que desligou o telefone e o colocou sobre a mesa.

— Há problema se eu não for às eleições? – Perguntou-me.

— Claro que não. Já estou eleito mesmo, não é? – Respondi.

Ela, como uma colegial que consegue aplicar um golpe no namorado, estendeu as mãos para os céus e deu um brado de vitória. Sorrindo perguntei o que estava planeando. Pergunta tola, já que aos gritos de alegria combinara, na minha frente, as suas férias e a visita aos pais que vinha adiando.

— Quanto voltam? – Perguntei.

— Hum... – coçou a cabeça – querido vamos chegar antes da tua tomada de posse, está bem? – Sorriu confortavelmente e eu nem verbalizei, meneei a cabeça afirmativamente e sorri também.

Novamente atendendo o telefone, tapou o microfone e perguntou-me baixinho para que o interlocutor não ouvisse.

— Posso ir hoje à tarde? – Sorriu mostrando os bem tratados dentes brancos.

— Claro! – Assenti com a cabeça ratificando.

— Eu vou no meu carro, não é preciso levar-nos. – Disse isso tapando novamente o áudio e mandou-me um beijo na meninice das casadas quando querem algo e conseguem do marido.

Seguiu falando, gesticulando como um maestro a arrumação das crianças e andava sem parar de um lado para o outro. Sempre a falar ao telefone, entrava e saia dos quartos trazendo uma peça de roupa e guardando-a na mala, voltava, escolhia outra peça e fazia o mesmo sem se perturbar. Ela ocupada em tantas tarefas simultâneas, pediu à nossa filha mais velha que atendesse o telefone fixo que tocava sem parar.

— Pai... é a tia Célia! – Disse a garota pousando o telefone portátil na mesinha e voltou a para a tarefa da arrumação das malas.

Atendi curioso. Célia era a esposa do meu irmão e há muito tempo que não nos víamos nem falávamos, desde que Elaine, minha sobrinha, tinha sete anos. Tomei aquele ar despreocupado, talvez fosse mais uma daquelas felicitações que já estava a habituar-me a receber.

— Olá, Célia? – Perguntei.

Ela levou um enorme tempo contando-me sobre a sua vida e não esquecendo de mencionar o tema da igreja que estava na mídia. Éramos notícia a nível nacional.

Mudando o tom da voz, agora quebrantada, uma voz roufenha quase chorando, começou a falar de Elaine e não poupou preocupações de cunho sexual, alertando que Elaine já não era mais uma menina, como talvez fosse a imagem que guardava dela. Há muito abandonara a igreja e os caminhos do

Senhor. Falou das suas preocupações de mãe, das dificuldades e que agora encontrara um emprego distante de casa e seria difícil deixar a menina menor de idade sozinha. E falou sobre tutela responsável. Por fim, disse sobressaltando a urgência que tinha, que queria ver-me e falar-me pessoalmente sobre esse assunto delicado. Esse telefonema era um pedido de socorro, um pedido delicado de socorro. Queria que no período em que estivesse a trabalhar, durante a experiência de noventa dias, eu e a minha esposa, ou seja, a família recebesse Elaine, em voga uma adolescente problemática para hospedar em minha casa durante os longos e intermináveis dias.

Enquanto ouvia as suas alegações, despedindo-me da família que estava de saída, tapei o áudio e despedi-me das crianças e da esposa com beijos e mímica.

Interrompi aquele relato escabroso sobre o fogo da menina, que abraçando outros hábitos alheios aos caminhos do Senhor, deleitava-se em prazeres mundanos, para dizer que por hora não poderia ficar com ela, porque a minha esposa e os meus filhos acabaram de viajar para casa dos meus sogros no interior e, portanto, ficaria sozinho, o que não era conveniente principalmente em tempos de eleição.

Ela ouviu em silêncio, mas não desistindo foi lembrando dos momentos de carinho entre mim e Elaine, quando a menina era um peluche de longos cabelos pretos e olhos vivos e carinhosa e eu a punha no colo e brincava contando histórias inventadas, nas quais ela era a heroína e salvava algum indefeso e ela correspondia aos meus mimos sorrindo um riso franco e inocente das crianças. Eu, tentando levar a conversa para outro lado, falei-lhe sobre os meus afazeres para as eleições de domingo e que estaria muito ocupado nesse período, mas ela insistindo, deu a sua cartada final, pediu-me para vir a minha casa, fazer-me uma visita, sem outras intenções. Não tendo alternativa aceitei educadamente.

Voltei a concentração para a minha candidatura, agora formalizada, inauguraria outra fase de minha vida. Lancei-me à eleição por impulso, por um incômodo e um arrepio, coisa que nunca me ocorreu. Uma voz sussurrante abateu-se sobre mim e vomitei o meu nome misteriosamente, exorcizando o invisível visitante que me trouxe à memória o meu pai e senti realmente a sua presença. Coisa de uma imaginação exaltada. No calor da emoção, nem sei ao certo. O fato é, que a presença desaparecera da mesma forma que surgira. Repentinamente tudo desapareceu, nada sentia, apenas paz e fui invadido por uma sensação benfazeja, imaculada, inspirando-me a agir, fazendo nascer em mim uma presença de espírito que levar-me-ia a tomar a decisão esperada publicamente e apoiada em segredo. Além da presença espiritual, que tendenciosamente impulsionou-me, tinha por certo o sustento da família como incentivo mais do que adequado, as economias do meu pai estavam no fim e as contas não paravam de chegar. Pressão corriqueira dos dias modernos nos quais consumimos mais do que precisamos e ambicionamos mais do que queremos de coração.

A minha esposa, senhora cristã muito dedicada à causa dos pobres, também perseverante na oração, apoiada por um pequeno, porém, atuante clube de senhoras evangélicas que se regozijam dando socorro às vítimas da miséria, também é muito afeiçoada ao luxo e ao conforto. Nas relações familiares a história dela é redundante, nada de destaque, enfim, uma vida comum de uma senhora evangélica como deve ser.

Assim viviam aquelas senhoras bem nutridas do setor mais abastado da igreja, tendo em vista que majoritariamente éramos oriundos dos bairros operários e que ascendêramos à classe média devido ao sucesso repentino da igreja, engrossado pelas fileiras destes mesmos pobres que por vezes assistíamos nas rodas de caridade. Entretanto, uma coisa é ajudar a abastecer uma dispensa e recolher abraços e lágrimas emocionadas dessa gente que nos enche de um certo orgulho. Outra, bem diferente, é vivenciarmos com eles a sua própria miséria.

A simples possibilidade de ver os seus filhos frequentarem a mesma escola, despossuída de tudo, carente das coisas básicas, ainda que sendo o habitat educacional da maioria absoluta dos membros da igreja, enchia a minha esposa de horror e ela dobrava os seus joelhos macios, desacostumados ao desespero, e corria a pedir ao Senhor Deus que não lhe caísse tamanha prova, era como ela chamava a pobreza. Era assim que pensava e decerto havia a possibilidade concreta de eu assumir o cargo deixado por meu pai – Reverendo – aquela mina de ouro deixava-a eufórica e o passeio prolongado a casa dos seus pais tinha entre outras intenções dar a maravilhosa notícia em primeira mão. Minhas noites, antes insones, agora, embalavam meu espírito em sonhos dourados de prosperidade.

A caridade soa-me como uma coisa curiosa. Existe um prazer, um certo orgulho e uma quase imperceptível superioridade que sentimos quando nos dedicamos a doar. Curiosamente, o amor que alegamos sentir pelo outro, não chega a querer ser amor ao ponto de querermos compartilhar com os necessitados seu destino. Não é tanto amor assim. Não obstante, a ideia da caridade sempre me fascinou e sempre me soou estranha. Confesso!

Estava em polvorosa com a iminente chegada da minha cunhada Célia. Eu tinha certeza que pedir-me-ia para tomar conta da minha sobrinha, não que me importasse, caso os meus filhos e a minha mulher estivessem em casa. Mas sozinho? Isso poderia pôr tudo a perder. Um boato que corresse, algum mal-entendido, porquê correr esse risco? Deveria pedir orientação ao senhor. Sentia no fundo do coração uma nuvem negra, um pesar.

Levantei-me e pus-me a tomar uma dose de licor, um vinho do porto, folheei uma revista, depois um livro, pousei-o após poucos segundos, nada disso queria, estava mesmo tenso, abstraí-me tanto quanto pude, e, finalmente, sentia os olhos turvarem e a visão ficar embaçada e caí no sono.

Acordei com uma buzina estridente lá fora, ergui um pouco o corpo preguiçosamente e vi pelas frestas da janela, um táxi parado à frente da casa. Era ela, Célia. Peguei algumas notas e fui despachar o taxista que nos deixou sozinhos. Abracei-a, há muito tempo que não a via, estava com ótima aparência, o cabelo de fios finíssimos presos em um coque no alto da cabeça, usando um vestido estampado com temas florais azulados.

Entramos, ela sem esconder a surpresa, via como tínhamos prosperado. Sempre fazendo comentários da casa de forma polida, sentou-se com elegância na cadeira da mesa que ocupava um espaço confortável na copa cozinha, ainda que tivéssemos outra sala de jantar com mais requinte onde recebíamos os convidados. Estava ali sentada, um sorriso nervoso, olhar aflito e ajeitando-se cuidadosamente retocando o coque, arrumando o vestido cobrindo o discreto decote, pôs as duas mãos sobre os joelhos marcados por um certo negrume na pele, seguramente pelas vigílias prolongadas de oração. Nada falava, limitou-se a aceitar o café que preparei na máquina. Enquanto preparava o café, tão pronto pus-me a falar sobre a mocidade da igreja e das minhas ocupações e do tempo exíguo que não me permitia fazer nada mais, além das eleições. Sabendo o motivo daquela visita, tentava de todas as maneiras declinar do convite educadamente, e ela calada, olhava-me e abanava a cabeça lentamente ouvindo as minhas escusas e bebendo o café irritantemente devagar. Segui dando as minhas explicações e antes que perguntasse, apontei abrindo as portas dos quartos para que ela visse que a minha família estava ausente e reforçasse a minha recusa, sem dizer claramente que não queria tomar conta da minha sobrinha por pura inconveniência da tutela. Por fim, feito o argumento desalentador, sentei-me à sua frente e bebi o meu café um pouco mais rápido que ela, oferecendo uma segunda xícara em seguida, que ela recusou agradecendo e elogiando a qualidade da bebida e pondo com jeito a xicara e o pires na mesa. Eu sem ter mais o que falar, quebrei a incômoda situação pedindo que ela falasse sobre a sua vida e o emprego que mencionou ao telefone.

— Tu és um homem de Deus, e não sabes o quanto eu e teu irmão ficamos felizes, acompanhamos os noticiários que não param de falar da sua igreja e do milagre da profecia e do avivamento... – deu uma pausa e segurando-me as mãos com as suas, finíssimas e frias, prosseguiu – Elaine... – seus olhos encheram-se de lágrimas e soltou as minhas mãos para repousarem ambas nos mesmos joelhos esfregando-os lentamente e continuou de forma pausada – ...está demonstrando, conforme o corpo toma forma de mulher formosa, que nada quer com Deus, não lhe interessam os caminhos do Senhor, não há força que a convença a frequentar a casa de Deus. Tu lembras-te a dedicação dela quando criança? E das palavras de autoridade espiritual que ela falava quando menina? Agora... anda somente com rapazes de péssima reputação. Bebe, fuma, tudo às escondidas, sai para os bailes, para as festas e... não sei mais o que fazer. Não sei! – E chorou, o choro do convencimento, o choro das mulheres quando querem arrancar algo de nós e cuja impotência em recusar nos faz reféns do dramatismo do choro.

Tentei acalmá-la, alertando-a para as maledicências do povo, dos gentios que rejubilam em difamar-nos, para os falatórios e mentiras.

— Cunhado – ela interrompeu minha fala e disse, – ninguém me falou nada. Eu vi e ouvi uns meninos de má fama e um deles, namorado da Elaine, gaba-se de ter engravidado duas meninas. O meu pânico era Elaine já não ser virgem, e fiz uma coisa que não se faz, mas não tive outra alternativa. Pedi a uma amiga, enfermeira do Hospital Estadual, que nos recebesse em sua casa e se fizesse passar por Médica ginecologista para examinar a soldo de amizade minha filha, em casa inventei que era um preventivo quando o meu interesse era na verdade saber se a menina era virgem, coisa que não se conversa lá em casa. Vês o meu desespero?

Terminou assim a sua artimanha, por puro capricho e para seu deleite e descanso, Elaine era invicta e pura. Ela continuou a história de desespero de mãe, mas intentando colocar a menina sob a nossa guarda, pelo menos no período de sua experiência laboral. Desferiu uma série de qualidades de dona de casa da menina e responsabilidade e educação, não se furtou querendo livrar-se da menina e entrar em contradição com o comportamento que dizia minutos antes que a ela possuía. Não me entusiasmando e nem despertando o meu interesse, ela apelou para o seu novo trabalho. Alegou que conseguira depois de muito sacrifício um emprego em uma companhia rodoviária e por conta disso precisava empreender algumas viagens interestaduais e para não perder a vaga não poderia deixar a menina sozinha.

Pronto, agora o apelo era irrecusável. Entretanto, argumentou que a minha esposa lhe havia dito, antes de me ligar, que voltaria para casa na Segunda-feira, o que daria tempo para ambientar a garota e ademais a ideia não era causar constrangimento para a minha reputação. Mas, objetando a minha recusa, lançou os dados dizendo que se o comportamento da menina não fosse adequado ela largaria o emprego onde quer que estivesse para pegar a menina e voltar pra casa interrompendo a hospedagem.

Fiquei sem ter tempo para argumentar. Mordi os lábios, pensativo e Célia enxugando as lágrimas com o dorso da mão alegou que a escolha da minha casa era no sentido de que a filha retornasse aos caminhos do Senhor, que eu a levasse para a igreja e a fizesse interagir com os jovens da lá, dando-lhe o maior número de atividades na igreja que pudesse. E claro, mudando de ares quem sabe não resgataria a dedicada filha que se desviou da palavra de deus. Seguiram-se uma enxurrada de justificativas e apelos ao meu chamado pastoral e referenciando que a semana, curta e demais ocupada por mim, nem daria tempo de perdê-la com a sobrinha, deixando-a sob os cuidados dos vários ministérios que pululavam na igreja crescida e ampla de atividades.

— Verdade seja dita... – e continuou – além de resgatares uma filha de Deus iludida pelos encantos do mundo, terias alguém que cuidaria da casa de forma que nem sentirias tanta falta da tua esposa.

Enquanto desfiava o seu argumento, absorto, pensava naquilo que seria a minha estreia como pastor. Ela, nada sabia sobre a minha inexperiência em conduzir rebanho algum, e aproveitando o desconhecimento, alarguei as minhas faculdades pastorais e disse que poderia aceitar a missão desde que pudesse, a qualquer momento, abortar aquela tarefa imediatamente. Célere, sacou o número do seu celular, sem, contudo, dar-me o telefone do seu trabalho, que segundo ela não ficaria bem que lhe ligassem no período de experiência, o que era uma explicação razoável e pondo a sua reputação de mulher de Deus em jogo.

Abraçou-me e agradeceu dizendo que eu era a sua última esperança de dar certo uma reconciliação de Elaine com Deus, e que o Senhor a ouviu.

Fez uma oração fervorosa agradecendo-me novamente e pedindo bênçãos para o meu ministério. Coisa que não se dispensa é uma oração sincera de um filho de Deus, em momentos como aquele de uma eleição que se aproxima.

E foi embora cheia de vida. E eu orei, orei para que a minha cunhada fizesse boa viagem e fosse bem-sucedida no trabalho novo. Orei pela minha sobrinha que viesse sem problemas e que tivesse uma boa estadia em minha casa, que Deus abençoasse essa empreitada e que ela se livrasse das tentações mundanas e voltasse sem demora aos caminhos da igreja.

XII

Depois de organizar os meus documentos para a eleição, comecei a pôr em ordem as obrigações que teria como reverendo. A bem da verdade, o entusiasmo dos amigos da congregação, a forma como conduzíamos a "eleição" não teria problema em instância alguma.

O telefone tocou no final da tarde, era Elaine já no terminal de autocarro da cidade. Cheia de si dispensou-me de ir buscá-la. Repetiu, antes que eu dissesse algo, o meu endereço para dar ao taxista que a levaria, dizendo inclusive que tinha o dinheiro para pagar a deslocação, mesmo sob os meus protestos. Educadamente recusou o favor, argumentando que a sua mãe me devia esse favor, desligando logo em seguida.

Impressionou-me a atitude da menina, que cumprimentando-me com cortesia e polidez mostrou certa maturidade, sem vulgaridade e com ampla desenvoltura. Não tinha sido arrogante, o que eu esperava, tinha sido determinada, madura e extremamente educada no tom cheia de si, sem petulância. De fato, a minha sobrinha mostrou uma educação que não havia visto na igreja e causou-me muito boa impressão. Esperei ver a dona daquela voz madura que punha as palavras de forma correta e precisa, que deixara uma imagem muito inocente de menininha que chora quando recebe um doce ou um brinquedo, que se encantava com doçuras e desenhos animados. Queria logo quebrar aquele fantasma de criança que o tempo se encarregou de transformar.

Chegou na hora estimada e peguei a sua mala que estava no porta-malas, enquanto ela acertava o pagamento com o taxista, sem deixar-me cuidar disso. Levou com ela uma outra mala menor que ficou no assento na parte da frente do carro. Cumprimentou-me com um pequeno beijo no rosto depois de abraçar-me longamente com afeto e respeito.

Convidei-a a entrar e tratando-a por minha filha fui logo querendo aclarar os desejos e intenções da sobrinha crescida, que se tornara uma moça de corpo amadurecido e bem torneado, que exibia marcas de contornos sensuais e bem distribuídos. Portava um pequeno colar de ouro com um pingente com a inicial do seu nome, coisa da moda dos jovenzinhos de hoje que dividem o seu tempo com coisas inúteis e sem valor estético apurado. Cheirava muito bem a uma colônia suave de flores e vestia um conjuntinho despretensioso que lhe dava um tom fresco juvenil. Tinha o cabelo preso com um lenço de tom sóbrio e um elástico que prendia um rabo-de-cavalo bem atado que lhe chicoteava as costas abaixo da nuca desnuda.

Entrou, pôs a mala menor no chão da sala, mas logo indiquei-lhe o caminho para os quartos, queria deixá-la à vontade. Podia ficar em um dos quartos dos meus filhos até que voltassem. Apontei a habitação do fim do corredor, mais ampla para que tivesse privacidade e conforto, e avisei que era coisa provisória. Ela não demonstrou nenhum espanto, meu quarto ficava no outro extremo do corredor. Pus minha sobrinha no último quarto a esquerda. Ajudei-a a carregar as malas, e sentei-me na cama para conversar um pouco com ela que sentou-se ao meu lado escutando os meus votos de boas-vindas, o que agradeceu de forma esfuziante. Chamando-me de tio, pediu para tomar um banho e eu dei-lhe uma toalha limpa, e avisei que prepararia comida para nós.

Conhecendo o pouco refinamento gastronômico dos jovens, encomendei uma *pizza* de frango com queijo, que decerto chegaria antes que ela terminasse o seu banho demorado. Saiu vestida com uma calça de ganga e uma blusa simples, ainda a enxugar o pescoço, olhou com desdém para a *pizza*. Avisou-me que não me preocupasse, pois sabia cozinhar e que não me faltaria nada, desde que não me importunasse. Pediu-me singelamente que a deixasse tomar conta da cozinha, o que, obviamente, assenti meneando a cabeça.

Aquela menina parecia esconder um segredo, entretanto, era educada, prestativa, limpa, inteligente, não se parecia muito com o retrato que a sua mãe pintara. Esperaria para ver se algum "*insight*" desfaria o encanto. Apesar do desdém inicial que a *pizza* lhe causou ao abrir a caixa, brilharam os olhos amendoados, decidida, devorou os pedaços com voracidade e deslizava-lhe pelo canto da boca o molho de mostarda, engoliu o refrigerante com sede. Havia um silêncio incômodo.

Quebrei o gelo tentando descontrai-la e retirar dela alguma atitude inesperada, sem ensaio, sem protocolo, mas decidida a representar ou espontaneamente demonstrando um tato zeloso, fez da pizza uma refeição completa e agradeceu o alimento.

Empreguei a técnica de fazer da sua estadia, um dos meus objetivos. Elucidei-a das atividades que teria na comunidade, da minha intenção e a da sua mãe durante a minha guarda provisória, o que não surtiu efeito algum. Ao contrário, demonstrou interesse em começar o quanto antes a conhecer as meninas da mocidade da igreja e manifestou vontade de participar de pelo menos dois núcleos, um deles em especial, a escola de dança. Não me convencendo de todo, queria testá-la. Precisava esclarecer para mim mesmo que não haveria risco algum para a minha reputação.

Gostaria de provocar essa mudança completa, inquestionável. Convidei-a a pôr em prática pela manhã cedo, como de costume, irmos à igreja para inteirá-la das atividades estipuladas pelos ministérios, o que ela acenou com alegria e disse que não via a hora de começar. Falava para amedrontá-la dos riscos de ter uma conduta inapropriada, enquanto ela dispunha os pratos em uma pilha e começava a pôr a louça suja na máquina de lavar, cuidando da limpeza. E, antes que eu dissesse que não precisava disso, daquela limpeza, o serviço estava terminado, com leveza e eficiência, tudo com a rapidez típica dos que o fazem por costume.

Seguramente, ela não sustentaria aquela farsa por muito tempo. E eu, certo de cumprir o meu dever enquanto pastor e ciente de que a minha cunhada desejosa de servir a sua filhinha na melhor acepção da palavra, sob os ditames da palavra de Deus, socorreu a sua menina devotando a mim a sua tutela. Pois bem, levaria Elaine pela manhã para as atividades de grupo desenvolvidas pela mocidade evangélica, enquanto cuidaria destarte da minha candidatura a poucos dias para o sufrágio inédito e consolador.

Elaine prontificou a cozinha para maiores afazeres, e servilmente arrumou outras partes livremente. Estávamos prontos para dormir e a casa pronta para receber pessoas que evitaria nesses últimos dias, para que não houvessem mal-entendidos por parte de gente maledicente que vendo uma jovem formosa de boa estatura e corpo atraente na minha casa; em proveito de estar a família ausente, criassem histórias difamatórias sob uma impressão passível de interpretações maliciosas.

Entreguei-lhe a roupa de cama limpa e nova, encontrei no guarda-roupa abarrotado que a minha esposa arrumava com frequência. Ajudei-a a arrumar a cama com os lençóis brancos perfumados de lavanda e ela esticou o nariz fungando como fazem os cães inalando o aroma. Quando se deitou por baixo do lençol, esboçou um sorriso de satisfação. Beijei-lhe a testa e ela esticou a cabeça dando-me boa noite, afaguei-lhe a cabeça e respondi:

— Boa noite! Que Deus te abençoe.

Pensei sobre a surpresa de ter a minha sobrinha comigo, a família distante e a impressão agradável da sua presença coberta de educação e elegância, aliviando a tensão que me corroía. Gesto nobre de minha parte, terminar o dia tranquilo sem incidentes, controlando os acontecimentos, sem deixar uma aresta a ser aparada, evitando aquele momento no qual homens e mulheres de bom coração se metem em situações vexatórias e incômodas, por quererem cumprir o seu papel de bons cidadãos albergando gente de caráter duvidoso e de hábitos nocivos ao convívio social. Lembrei-me de alguns testemunhos que escutei de pessoas, que acolhendo gente que não tinha teto onde pousar, viram as suas vidas transformadas num inferno. Sendo cobrado com juros a fatura de terem tido bom coração e terem estendido a mão a quem de fato não merecia. Um desabrigado qualquer, abandonado pela família, mostra-se um "caso de polícia" de tão prejudicial ter sido para a vida do samaritano que, crendo cumprir o seu papel de tutor bem-aventurado, albergou verdadeiros espíritos sem luz, assim, disfarçados de necessitados, vivem de golpear de morte os seus benfeitores.

Decerto, não era este o caso. A menina, além de minha sobrinha, mostrava atitudes diametralmente opostas ao escopo de seu comportamento suposto, comportamento que a sua mãe pintara. Claro que me beneficiava da dúvida de ser tudo uma farsa da menina, que sendo o primeiro dia em minha casa, mostrara um lado descolado de seu dia-a-dia que com efeito, mais cedo ou mais tarde talvez, se mostrasse mentirosa e as garras da moleca endiabrada mostrar-se-iam, todavia. Nenhum juízo seria justo ainda, não daria nenhum parecer antes que ela, em atos, contrariasse a ótima impressão que causara.

Adormeci e fui despertado pelo som de louça tilintando, arrumação de cozinha e um cheiro perfumado embriagante de café, um *déjà-vu*, exatamente como a minha esposa fazia, aquele odor de frescor perfumado de café forte invadiu o meu quarto, cuja porta de madeira fechada não impediu o avanço sistemático do aroma delicioso. Levemente bateu uma pancadinha na porta e chamou quase ao sussurro.

— Tio vem tomar café. – Falou assim baixinho, servil, carinhosamente falou minha sobrinha.

Era uma agradável surpresa de ser tão bem cuidado na ausência da minha esposa, que era quem cuidava destes afazeres, apesar de não precisarmos mais dos seus esforços domésticos, poderíamos por exemplo, contratar uma empregada doméstica, minha esposa não quis, ela cuidava de tudo, fazia-o por gosto de ser dona de casa. Estranhamente, Elaine também fê-lo quase que repetindo os gestos e as palavras da sua tia. Diferindo, porém, que ela, a minha esposa, tinha intimidade comigo como é óbvio e entrava no nosso quarto de mansinho, cutucava-me e pronunciava o meu nome suavemente junto do ouvido, beijando-me a orelha com malícia. Experiência decerto que evitaria com a minha sobrinha.

A mesa, perfeitamente disposta, e os talheres típicos para o desjejum, arrumados com as xícaras e os pires e os guardanapos dobrados. O café fumegante, os pães bem tostados e a manteiga no vasilhame correto com a faca apropriada. Olhei, sorrindo para Elaine que aguardava a minha chegada para comer. Disse-lhe que ficasse à vontade, falei como um psicanalista tentando extrair da moçoila uma espontaneidade que precisava para desenvolver uma amizade mais proveitosa e relaxada. Segui falando enquanto tomávamos o nosso desjejum e ela olhou-me, sem entender ao certo o que eu queria dizer.

A julgar pela limpeza do entorno da mesa, Elaine acordara cedo para a labuta. Precisava falar com ela sobre os contrastes imensos que existiam entre o que a sua mãe dizia e o comportamento que eu observara. Todavia, era muito temerário que fizesse um juízo sobre qualquer questão precipitadamente. Em tudo destoava, desde os cuidados domésticos, que a sua devotada mãe jurava que ela com frequência negligenciava, ao comportamento obsceno; havia uma completa indiferença com que tratava o meu discurso. Estava decidido a apertar um pouco o interrogatório, porém, deixei para outra ocasião, examinaria a moça na rotina da igreja.

Terminamos o café e pedi-lhe que se arrumasse pois passaríamos o dia na igreja, cada qual com os seus afazeres.

Célia deixou-me inculcado com esta denúncia, mesmo assim, sobrevinha-me um temor enquanto Elaine arrumava-se, temendo passar a vergonha de ter uma vestimenta indecente e eu ter a obrigação e a indelicadeza de pedir que trocasse por algo mais adequado. Não, ela estava pronta em minutos, de forma ordenada e sem as extravagâncias contra as quais fora alertada – o cuidado ao vestir-se, atenção à indecência para não exibir o seu corpo, mesmo para uma simples ida ao supermercado. Surpreendentemente, ainda não usara deste expediente, pois a menina vestiu-se de forma ordeira e decente, desfazendo a minha má impressão. Em alegre surpresa, seguido de um "muito bem", cujo semblante franzia a testa não entendendo o elogio que eu fizera, e de fato, nada nela era indecente, vestia-se inclusive com mais discrição que as meninas da igreja, que depois de feitas as amizades normais de convívio, com o tempo nela passaram a ver um exemplo de como vestir-se bem e com decência.

No caminho da igreja, ainda que fosse perto de casa, para evitar as conversas demoradas, sem proveito, quase sempre ia de carro e observei que a minha sobrinha cobria as pernas todas as vezes que o seu vestido se levantava ao sabor do vento. O mínimo que fosse cobria-se sem esboçar qualquer atrevimento, olhos atentos e nenhuma palavra, era assim que se comportava até àquele momento.

Os dois anéis da estrutura estavam terminados, e o escopo dele todo já no acabamento, demonstrava com a sua eficiência e rapidez o poder do Sr. Bispo, cujos operários pagos do seu tesouro, devidamente uniformizados e cumprimentando-se com os conhecidos chavões evangélicos, superavam as nossas expectativas.

Breno, que chegava cedo ao local, cuidava para que a obra terminasse a tempo e mesclava-se com os homens do chefe vestindo o capacete branco, exigido pelo EPI, de forma a examinar cada passo dos operários, o que era acompanhado de bom grado pelos chefes da obra que se surpreendiam com o interesse do rapaz.

A competência dos homens era de admirar, limpa e bem trabalhada, a obra estava adiantada. As atividades pastorais transcorriam sem atrapalhar o andamento das finalizações do canteiro de obras e os membros que visitavam a igreja, ou os efetivos que exerciam alguma atividade, louvavam a Deus pela maravilha que viam ser concretizada. E sobre o chefe, não faltavam elogios, mais a ele do que ao próprio bondoso Deus, tamanha admiração e agradecimento pelo bom homem e honrado que Deus pôs em nosso caminho para concretizarmos os nossos sonhos.

No caminho para o escritório, onde concluíamos os últimos preparativos para as eleições consagradoras, apresentei Elaine como minha sobrinha e fui pedindo a atenção especial que precisava para integrar a menina. Pedi em particular à professora do grupo de dança uma atenção diferenciada e para as meninas do grupo apresentei-a como se faz nas escolas ao aluno iniciante.

As boas vindas não poderiam ter sido mais proveitosas, fui sendo cumprimentado pelos membros e chamado de reverendo, prometiam votos e lealdade, aos quais agradecia de coração aos sinceros e animadores apoios que recebia.

No escritório, ainda coberto de jornais para que a tinta branca e fresca não manchasse o azulejo bege que estava finalizado, perfeitamente alinhado no chão, abri mais algumas janelas para espantar aquele cheiro forte de produtos químicos, e sentei-me à mesa. Cumprimentei Eustáquio, que junto a algumas irmãs e irmãos organizavam os folhetos explicativos que educariam os membros ao voto inédito que não estavam acostumados e chamamos Breno para participar. Trabalhamos duramente na separação dos folhetos, acrescentando uma coisa aqui ou acolá, na mesma velocidade que dávamos aos mais jovens para distribuírem conforme saíam de nossas mãos os maços em ordem.

O trabalho e as conversas paralelas de procedimentos "pós vitória" no sufrágio, onde brincávamos com o resultado já definido, obrigavam-me a respostas evasivas, pois eu estava de olho na parte externa no quase terminado salão, onde o grupo ensaiava os passos de uma dança que seria apresentada na cerimônia de inauguração.

Elaine estava completamente inteirada e integrada na coletividade, exercia a sua própria parte na coreografia moderna que as meninas ensaiavam sob o olhar atento da professora. Meus olhos fixos na sobrinha tentavam enxergar alguma cena que denunciaria a sua farsa comportamental, ou pelo menos, na provável farsa, pela qual eu poderia punir, educar, ensinar, ou quem sabe, o mais cômodo possível seria devolvê-la à sua mãe conforme combinamos, intacta, renovada, de volta aos braços do Senhor. Mas, ao contrário dos meus supostos planos, a garota demonstrava um comportamento tão sociável que esbanjava carisma, fazendo boas amigas as novas colegas que já se abraçavam e sorriam como fazem as velhas amigas, descontraidamente, em conluio.

Por vezes, a minha atenção era distraída por algum comentário dos meus irmãos de fé que pediam a minha opinião, onde esforçava-me para inteirar-me do debate e respondia de forma a passar para um outro a conclusão em geral. Deixava a encargo de Eustáquio, cujo cargo recém-adquirido de conselheiro vitalício enchia-o de soberba e de orgulho. Eustáquio experimentava esses sentimentos quase inatos de quem ascende socialmente.

Ele gostava de falar sobre as bênçãos que Deus depositara em sua vida, depois de assumir com coragem o seu cargo, para o qual o anjo que assiste no trono do Altíssimo sussurrasse nos seus ouvidos, noite após noite de extensa vigília de joelhos dobrados, o que não duvidávamos. Religioso como era, não se discute tais afirmações, mas as vozes que ouvia, sabíamos serem da natureza do espírito. Com efeito, era comum, agora assoberbados pela glória e pela riqueza demonstrada, ouvirmos com mais frequência as vozes espirituais, sem nunca questionarmos se os sonhos e as vozes que passamos a escutar serem realmente oriundos do trono de Deus. Quem se importa com isso? Desde que as orientações espirituais, a que nos acostumamos nos tinham conduzido ao sucesso, a procedência das vozes era secundária, subjetiva. O fato, porém, eram os resultados das orientações espirituais que agora eram as nossas companheiras.

Mal me deixavam em paz, voltava os meus olhos para a minha sobrinha. Agora vestida com um esvoaçante vestido azul e lilás rodopiando junto das suas amigas e o passo marcado pela professora sincronizavam os rodopios. Estava a ficar realmente bonito e colorido, mas um ensaio dá muito trabalho e a matéria pronta exige mais atenção. As meninas que se alegravam e divertiam-se com a dança, batiam de leve umas nas outras e divertiam-se no riso tolo da juventude, ao que ralhava com elas a professora que parava o ensaio para reclamar da concentração das garotas.

Estava mais em frente da janela, quando virando-se na minha direção, Elaine pela primeira vez olhou-me de forma diferente, com certa malícia e brilho no olhar, o que concluí ser somente uma impressão minha. Ela virou-se de costas e, abraçando as duas colegas de dança, falou algo que de modo nenhum dava para escutar ou pressupor, sorriu bastante e permaneceu de costas, ao seu comentário as colegas regozijavam. Na intenção de ver algo que não percebia, as duas olhavam na minha direção e puseram-se a rir desmedidamente, chamando a atenção da professora que desfazendo a distração paralisou todos os exercícios para um intervalo, ratificando que as meninas se concentrassem ou ela substituiria o grupo. A tarefa era grande e o tempo para a apresentação exíguo, exigindo com veemência a inteiração do grupo, o que excluem as brincadeiras indevidas.

Apresentação da dança sincronizada era coisa que se treinava ainda no antigo espaço com todas as suas dificuldades e ela, professora devotada que abrilhantava as apresentações, com atuação de passos perfeitos e braços erguidos na hora certa, esperando os aplausos que consagrariam a sua performance na inauguração do novo salão.

Levava tudo muito a sério e recolhia os seus pertences bebendo o isotônico fornecido por nós assim como fazem os atletas. Trocou olhares comigo e cumprimentou-me assertivamente com a cabeça e despediu-se de seguida, confirmando que as meninas estariam prontas. Convidou a minha sobrinha a participar, ao que Elaine respondeu com aplausos, seguida das suas colegas que ainda tiveram tempo de sorrir para mim. Eu sem saber ao certo a graça da piada silenciosa, afinal, segredo de menina não me cabia arguir.

Sentadas no soalho continuavam a conversar e rir. Conhecendo os ardis do demônio, que sujeitaria a sua mente infantil com tentações da carne temperada pelo fervor da pele suave e das hormonas enfurecidas, atento ao prazer libidinoso, pensei em uma outra atividade para ela, temendo que a sua fala, um pouco mais solta do que no dia anterior, mostrasse as suas garras conforme alertou-me Célia, que dos ardis demoníacos conhecia bem e já com o inimigo travara batalhas suadas, como sua fama de mulher de oração seguia os seus passos há muito tempo.

Entraram pela porta sem bater e como o movimento a esta altura era mais intenso, desviei o olhar da minha sobrinha, ocupada com suas meninices, para olhar Stela, a assistente social. Hábil em arrancar confissões desagradáveis de crianças que sofriam abusos dos pais, cujo serviço de atendimento caridoso nunca negávamos, encaminhando, graças a habilidade ímpar de Stela, aos serviços oficiais e jurídicos.

Enquanto ela analisava alguns agendamentos que foram marcados para tarde que a ocuparia, o dia longo de atendimentos não acabaria antes do anoitecer. Carregava as fichas na pasta negra de plástico duro que portava contra o peito franzino, que pelas dificuldades da infância travaram-lhe o crescimento. Era assim Stela, feroz e defensora dos humildes, cujo serviço brilhante que prestava à igreja era recompensado a soldo e recusava. No entanto, a título de merecimento, depositávamos na conta, religiosamente, no dia cinco de cada mês, junto aos outros funcionários da igreja, que agora com a divina intervenção do Sr. Bispo dava-nos o conforto de pagar os servidores com folga.

Chamei a pequena "grande" assistente social e ela ajeitando os cabelos e pondo a bandolete na cabeça, gesto repetido com frequência, conjuntamente ao sopro que dava sacudindo a camisa, cacoete emblemático que a caracterizava, cumprimentou-me pondo a pesada pasta sobre a mesa que apoiava os pés. Ignorei os debates desnecessários da sucessão para pedir-lhe um favor, expliquei a Stela os pormenores a que se destinava a presença da menina, inclusive da estadia na minha casa e em um breve resumo do seu histórico. Mencionei também que o testemunho da vida pregressa da sobrinha era corroborado pela minha cunhada e o cabedal moral de Célia era a ratificação certa para dar veracidade à história nefasta da jovenzinha, cuja cobiça satânica, disfarçada nos olhos brilhantes e no sorriso franco, estaria uma intenção maligna, ávida por ceifar a sua comunhão com Deus, não tardaria em apresentar-se para o que veio. Pedi-lhe para ajudar a evitar o desastre. Stela, coçando o nariz, disse-me que tentaria, se tivesse a privacidade de não ser interrompida e conversasse com a moça em particular, ganhando a sua confiança, poderia esclarecer tudo.

A história das impressões maravilhosas do seu comportamento assustava-me, ainda mais sabendo que eram elucubrações diabólicas de forma a enganar a todos nós e reafirmar que o testemunho da mãe era perfeitamente credível. Stela torcia a boca, desconfiada e curiosa em resgatar a inocência de Elaine antes que o salteador de almas a resgatasse, pôs-se a trabalhar, pedindo discrição do assunto e que eu não confrontasse nenhuma verdade que a menina lhe contasse e evitasse expô-la à situação vexatória em minha casa, pois poderia encaminhar uma conversa para que Elaine contasse alguma coisa. Entretanto, de caneta em punho apontando para mim, ameaçando-me como se tratasse de uma faca, advertiu-me que em hipótese alguma poderia revelar que ela, confessora da garota, revelasse qualquer coisa que fosse ouvida como uma confissão. Era preciso fortalecer os laços de confiança entre elas, ao que assenti de imediato. Excitado pelo profissionalismo do mais alto gabarito, que tínhamos a sorte de contar nos nossos quadros, o resto deixaria com ela. A sua única exigência era que apresentasse a menina como minha sobrinha e, o mais, ela cuidaria. Fiz exatamente como Stela pediu.

Elaine despediu-se das colegas marcando o outro ensaio para o dia seguinte. Depois das apresentações formais, Stela elogiou a sua performance na dança perguntando sobre as experiências anteriores dela na área e, engatilhando uma conversa em outra, levou Elaine para a sua sala, que ficava do outro lado do anel inferior, no térreo junto ao salão, que tinha uma janela que ficava de frente para onde eu estava, isso permitir-me-ia tentar ler as feições e os gestos das duas interpretando o que lá se discutia.

Eustáquio, animado, conversava com Breno e os voluntários, já dando ordens como eleitos precipitadamente e, às vezes, pediam a minha opinião como Reverendo. Todos brincávamos de empossados como crianças felizes de uma eleição que ainda não ocorrera. Mas pareciam tão certas as nomeações que descontraíamos praticamente assumindo os postos de candidatura, certos de consolidarmos os nossos desejos em realidade. Disse para os meus irmãos de fé, entrando na brincadeira deles, que a minha eleição era tão certa que estaria durante o dia inteiro dos votos em casa, cuidando dos afazeres domésticos e orando, preparando o discurso de posse que não tardaria. Ao que se seguiu uma salva de palmas como fazem os amigos nas rodas de cerveja a qualquer comentário mais perspicaz, sempre depois do álcool tomar conta dos participantes.

Virava-me para a sala onde de fato prendia minha atenção e vi Elaine de rosto abaixado e Stela atrás dela a arregalar os olhos, pondo a mão sobre a boca e sacudindo de leve a cabeça para mim, negativamente, horrorizada pelo depoimento. Stela fechou a porta e a janela, encerrando a minha visão da conversação que tentava adivinhar. Parecia uma eternidade o tempo que levou para que Stela abrisse novamente a janela, ao que ainda perplexa, fez discretamente um gesto de que precisava falar comigo. Saíram ambas juntas, abraçadas, como amigas confidentes e deu para ouvir Stela dizer que tudo ficaria bem. Quando saí para encontrá-las, morto de curiosidade, perguntei sorrindo, disfarçando a tensão que corroía o meu espírito.

— Então meninas tudo bem?

Elaine cujo semblante se mostrava bastante aliviado esboçou um sorriso e disse que queria ir pra casa e que estava cansada. Precisava fazer várias coisas, ligar para mãe e outras atividades que emendaria uma a outra ocupando seu dia. Stela esticava os lábios ensaiando um sorriso que não chegou a abrir-se, e eu concordei, percebendo que naquele momento nada saberia.

Voltei à sala de reuniões para despedir-me dos irmãos, explicando que precisava de privacidade e que retornaria qualquer chamada assim que desse. Retirar-me-ia em silêncio e oração para pedir a Deus a orientação mais justa dos acontecimentos que chegariam e que o Espírito Santo abençoasse quem quer que fosse eleito.

Ansioso por obter respostas da conversa reveladora que tiveram, Stela aguardava, segurando a sua mochila pequena pendurada entre as pernas, Elaine ficara ali um tanto alheia ao que falávamos e entrou no carro fugaz.

— Peça para ela, depois de falar, mostrar as costas! – Stela disse-me baixinho, em tom confessional e saiu rapidamente para despedir-se de sua nova paciente e amiga, que a abraçou com força.

XIII

Telefonei para a minha esposa e comentei sobre as saudades que sentia dela e das crianças. Quis saber quando voltaria e conversei com os meninos e com o meu sogro, que lamentou não poder ir no domingo, mas que estava certo de minha eleição vitoriosa. Felicitou-me, dando votos de que a nossa vida melhoraria substancialmente e felicitou a filha por ter um casamento feliz, o que de fato era verdade. Em tudo nos dávamos bem e estava feliz com ela ao meu lado. Fiz força para não emocionar-me do outro lado da linha e jurei-lhe, que assim que fosse possível, viajaria com a família para sua casa. Pescaríamos juntos e faríamos um churrasco como nos velhos tempos quando assediava a minha futura esposa e dormíamos todos ao relento amenizando o calor abrasador do campo. Todas as lembranças furtivas de férias sempre corridas, mas aproveitadas ao máximo, fez-me jurar que, assim que tomasse posse no primeiro feriado, iríamos para lá. Tive sorte, confirmei o seu pedido, tinha acertado em cheio, a minha esposa era formidável. Dela não restando queixa alguma ou dos meus sogros, contrariando a tradição popular, eram pessoas ótimas, bons cicerones transformavam qualquer feriado em férias de sonho. Tardei um pouco ao telefone, mas feitas as despedidas de costume, desliguei a chamada.

Desta vez, Elaine fritava bolinhos de carne, inacreditavelmente preparara-os com excelência, e o aroma inundou a casa, que deixei à meia-luz nos cômodos da frente, certo de que não seria incomodado. Precisava conversar com Elaine e terminar a curiosidade que tirava a minha concentração de qualquer coisa. Ela, ainda um pouco tímida, trabalhava calada como uma serviçal que não se dá ao luxo de estabelecer intimidades com o patrão.

Afoito em desfazer essa relação esdrúxula, puxei um assunto qualquer que não me recordo, que foi respondido ou com um "é" ou "não" ou um grunhido do tipo "Hum" e não avançávamos. Elogiei o cheiro dos bolinhos e logo ela pousou em cima da mesa uma travessa cheia deles. Fui abrir uma garrafa de vinho, quem sabe surpreendendo a menina com ousadia de um pastor bebendo vinho, ela desembuchasse. Mas não, fez ouvido de mercador, fitou-me alheia ao que eu dissera e foi tomar banho.

Abri a garrafa na esperança de que o álcool a desinibisse. Tomaria a ousadia a passos largos e oferecer-lhe-ia uma taça, esperando que ela negasse. Temendo os efeitos, fi-lo assim mesmo.

Elaine saiu da casa de banho tão rápida quanto entrou e sentou-se à mesa. Pondo a toalha no encosto da cadeira, ajeitou o vestido fino de tecido simples que vestira às pressas, pegou a taça e encheu de vinho sem me perguntar se podia. Animei-me, a descontração do vinho certamente abriria a sua boca e ficamos assim conversando sobre coisas alheios a tudo. Enchemos mais uma vez as taças e comemos os bolinhos que estavam deliciosos e que não deixei de elogiar, ao que ela sorriu.

— Ótimo!

Sorriu um riso satisfeito, sem medo, e encheu rapidamente outra vez a taça que acompanhei esvaziando a garrafa e sentindo os primeiros efeitos da bebida que soltava o nosso diálogo travado pela tensão.

Elaine, que a tudo pedia permissão e comedida, sugeriu outra garrafa, e disse:

— Tio! Confio muito no senhor. – E deu aquela pausa de quem pensa se vale a pena falar mais e parou.

— Fazes bem. – Respondi. – Deverias confiar mesmo em mim, como tio e como pastor. Abre o teu coração minha filha. Tu sabes que és uma menina inteligente, sabes que a tua mãe me pediu para cuidar de ti e isso tem um motivo... – não a deixava interromper-me, atropelando-lhe as palavras quando tencionava abrir a boca. Para falar a verdade, o vinho encorajara-me e não esperaria outra oportunidade e prossegui, – Sabes, o quanto ela te ama, não sabes?

— Claro tio...

— Pois, conversamos uma tarde inteira sobre ti. – Interrompi novamente segurando-lhe a mão que tamborilava os dedos na mesa. – Ela está muito preocupada com teu comportamento.

— Que comportamento? – Perguntou ela espantada e surpresa.

— Elaine, eu pedi que confiasses em mim e espero que o faças. Por que motivo, achas que a tua mãe pediu que tomasse conta de ti no período de experiência de trabalho dela?

— Experiência de trabalho? – Exclamou assertiva.

Enquanto enchia novamente as taças no desenrolar dos instintos, a embriaguez começa a controlar a situação e nos vemos sem freio, agradecidos pela desinibição que o álcool nos dá, permitindo conversas mais sérias que a sobriedade nos castra de forma proibitiva.

— Sim. Ela, minha querida, precisa se firmar no emprego e no período de experiência. – Respondi. – Pediu para tomar conta de ti e promover o teu reencontro com nosso Senhor. – Concluí e Elaine soltou um "quê?" num estranhamento absoluto.

O vinho era de ótima safra e confiando na sua qualidade superior, sem querer perder tempo com aquela pequena, encorajado pela embriaguez fui arrematando aquela conversa desencontrada e expus tudo o que pensava sobre a sua mãe. O quanto ela merecia crédito, o quanto era uma mãe zelosa e mulher de Deus, e cujo testemunho confiava mais do que no meu próprio. Não estava a gostar do rodeio em que nos encontrávamos e queria uma conversa franca com familiares, falei sobre o meu irmão, que ela era meu sangue e que, estando na qualidade de tutor, queria saber a verdade sobre tudo aquilo. Elaine ameaçou chorar e eu poderia pôr tudo a perder se ela se retraísse novamente. Enchi a sua taça, já perdendo as contas de quantas vezes o fizera e falei mais alto.

— Elaine, eu sou teu tio. Quero saber tudo!

— Tio, o que o senhor quer saber? – Falou choramingando.

— Tudo! Eu quero a verdade não importa qual seja! Ouviste? Tudo!

Desatou a chorar copiosamente, pondo as mãos no rosto e segurando as lágrimas que escorriam por entre as saliências dos dedinhos aos borbotões. Eu tentando acalmá-la, afaguei os seus cabelos, jurei que seria segredo, que não sairia dali nada do que dissesse e prometi com a seriedade dos bêbados, com a sinceridade da alma, e ela foi-se contendo, o choro foi-se dissipando. Entreguei-lhe um lenço de algodão, seco e limpo, para que limpasse o rosto e enxugasse as lágrimas e pudéssemos, então, desfazer aquele mal-entendido.

— Nem para minha mãe?

Fez a última solicitação e eu jurei solenemente, que para ninguém. Secando o rosto, levantou a cabeça e fitando-me dentro dos olhos, começou seu relato.

Deus sabe que ainda hoje, agora, que escrevo o meu testemunho de tudo que vi e vivi nesses dias, não sei se fiz a coisa certa ou se deveria ter administrado a situação até terminarem os três meses de experiência da Célia e devolver a menina inventando alguma coisa séria. Uma tentativa, qualquer coisa, mas evitaria o problema, tendo em vista que ao contar o depoimento dela e, sobretudo, primando pelo bom senso, sairia do inquérito bem visto pela minha cunhada, que não tendo outra alternativa ainda me agradeceria por ter tentado.

Não o fiz. Tentei levar a sério o pedido da família distante, que ameaçada pelas armadilhas do diabo pediu socorro a um pastor treinado em vencer as agruras das forças do mal. Mas disso, resultaria verdadeiro se eu, mesmo ciente de que não era o tal homem de Deus que ela procurara e enganada pela propaganda televisiva, via-me como o povo me via, que eu fosse uma outra coisa que não era eu mesmo.

Prossegui com aquela empreitada escutando Elaine, que ia liberando-se aos poucos de toda a timidez e que por força do testemunho que desenhava, palmo a palmo, derrubava a barreira da, até então, conturbada história que desvendava aos poucos os seus insucessos.

Começou por dizer que o seu pai, não era o meu irmão. O que tecnicamente a fazia uma familiar sem consanguinidade e não minha sobrinha biológica. Mas sim, era filha de um fazendeiro do centro oeste. Antes de engravidar, Célia – aqui transcrevo os pormenores que o álcool me permite lembrar – casou-se com o meu irmão e a convite de um trabalho como topógrafo para demarcar a dimensão exata de uma imensa fazenda que os abrigou, onde viveram com certo conforto enquanto ele desbravava territórios. Célia, que a altura era como Elaine, corpo perfeito e pele fresca e lisa, cuja, sensualidade natural exalava luxuria, travou relacionamento adúltero com o filho do fazendeiro. Fazia-o com certa frequência sem contraceptivos, de modo que, engravidou dele e quase causou irreparável escândalo, uma vez que a família tinha pretensões eleitorais e não ficaria bem, que a custo da oposição, viessem a saber que o herdeiro do colossal latifúndio se deitava com as mulheres dos funcionários. Além de mais, sendo herdeiro legítimo poderia reclamar parte da herança legalmente.

Então, a solução que haviam encontrado para manter o segredo, foi reunirem-se com a família do meu irmão, o topógrafo enganado, levando-os a aceitarem uma pensão definitiva em troca do silencio e Célia seria titular de uma pensão significativa que lhe daria certo conforto para cuidar da neta do patrão, conquanto a mantivesse longe e saudável. Feitos os acertos e abrindo mão da traidora, o meu irmão aceitou, ao invés da pensão, um emprego público quando a família assumisse o poder institucional, que foi prontamente aceite de bom grado pelo fazendeiro, que viu em meu irmão um homem de honra e bom senso aceitando o abandono da adúltera e sua filha bastarda.

Célia, distante dos benfeitores e da família biológica da filha, teve Elaine que nasceu saudável e converteu-se ao evangelho. Manteve-se firme conduzindo Elaine à igreja e aos costumes do caminho do Senhor. Nesse período, desenvolveu a fama de mulher de oração honrada e corajosa por criar a filha sozinha com fé e firmeza de propósito. Entretanto, depois de ter levado pela última vez Elaine a nossa casa, onde contava os seus seis anos provavelmente, o apetite sexual alimentado pelo corpo volumoso, de generosas formas, conduziu Célia a novos casos amorosos, que seguindo uma maldição desencadeada anos antes todos eram homens casados. Adultério após adultério, aumentando a sua predileção pelo pecado acostumou-se a entrar e sair da igreja levando a filha a desacreditar-se da fé e a ter certo receio dos propósitos da mãe.

Elaine, quando se vitimava a não aguentar mais as brincadeiras dos colegas de colégio que seguiam a má fama da mãe, da predadora de lares, escondendo-se na indumentária dos evangélicos, cansada da exaustão das pilhérias maldosas das colegas, obrigava a mãe a mudar de cidade, o que fazia com frequência. Escondia a família, dos irmãos das incontáveis igrejas que não conhecendo a sua vida pregressa, a aceitavam a esmo. Depois, arredia a ceder aos hábitos nefastos e alimentado pelo espírito da hipocrisia militante, mantinha-se firme na fé até que um outro macho arrebatasse o coração sedento de amor.

A partir daí, Elaine venceu a timidez e sorridente, desdenhando da própria miséria moral e fomentada pela bebida que a dominava, brincava comigo também, cuja perplexidade não se converteu em tristeza pela força do vinho que bebíamos um após o outro.

— Quando cresci e comecei a revoltar-me... – prosseguiu o relato – nem tinha completado o desgosto do último homem... Ela passou do limite. Desculpe tio de falar assim da minha mãe, mas cansei-me de tanto cinismo. Desisti da igreja, não queria ser igual a ela. Tudo mentira... mentira... Ela na época começou a namorar um beberrão, um malandro que a explorava e o dinheiro que o meu pai mandava, dava-o todo àquele vagabundo que esbanjava com outras mulheres. O meu dinheiro tio... O meu dinheiro! Por fim foi viajar com aquele... com aquele crápula... e disse que eu viria para cá, para a sua casa enquanto ela viajaria com aquele...

— O quê? – Disse eu completamente perplexo – O quê? Ela foi viajar? Ela não está a trabalhar em uma agência de viagem?

— O quê tio? A trabalhar onde? – Recuou a cabeça franzindo a testa sem entender nada. – Quem disse isso? – Perguntou perplexa.

— A tua mãe. – Respondi sem compreender o que se passava.

— Minha mãe? Claro que não! – Respondeu sem dúvida.

Enquanto eu levantava-me para espairecer, ela completou o absurdo.

— E quando eu lhe disse que contaria tudo para o Senhor, deu-me uma surra... – voltou a chorar.

Ela, para provar o seu testemunho, levantou-se, virou-se de costas e libertando os ombros do vestido, desnudou as costas inteiramente marcadas por linhas cortantes das abas largas de cinto ou coisa parecida. Era o que Stela viu e bestificada mandou-me verificar. As linhas da surra estavam sumindo, ainda que alguns sulcos na pele corroboravam com a história. Eu, sem saber o que fazer daquela cena escabrosa, ouvia-a ainda dizer baixinho.

— Se não acreditas, ligue para o meu padrasto, quer dizer, para o seu irmão. – Cobriu-se de novo e sentou-se como uma adulta bebendo o último gole que restava na sua taça para enchê-la novamente.

Sentado na ante sala, bebendo a minha taça de vinho, liguei para o meu irmão, que após os cumprimentos de praxe, à força do constrangimento que embargava a voz num abafamento medonho, confirmasse a história de Elaine nos mínimos detalhes. Onde, o relato da menina validava tudo e o próprio testemunho dele confirmava a história vergonhosa e hipócrita de uma mulher cínica e manipuladora. Escutava o episódio hediondo querendo de algum jeito desculpar-me dele ter-me contado isso, mas as minhas explicações encheram--no de compaixão pela menina que conseguia manter certa dignidade. Coberto de piedade, o meu irmão que era um bom homem pediu delicadamente que cuidasse da menina com carinho. Pois, a vítima da história estava ali mesmo comigo na minha casa e o demônio a que perseguia, agora descoberta a farsa, curtia uma viagem profana com um proxeneta qualquer que a garota nem sabia o nome.

Agradeci a confiança, pedi discrição e despedi-me.

Era tudo verdade, toda a história. Agora sentia-me mal por ter ameaçado a pobre Elaine com uma bofetada, a qual macularia ainda mais o corpo magoado pelo espancamento de cinto ministrado por um bêbado qualquer. Fui ter com ela para desculpar-me e oferecer-lhe apoio, inclusive se quisesse ficar mais tempo lá em casa. Teria prazer em cuidar dela e quem sabe até poderia perfilhá-la.

Ela havia saído da cozinha e estava na sala, onde uma música ambiente agradável enchia o salão. Lá estava Elaine, de cabelos soltos, dançando suavemente e segurando com delicadeza a taça de vinho que com esforço a enchi novamente, e ela levou-a à boca derramando o excedente que formou uma linha no ar aspergindo o chão com a sua cor de sangue. Olhou-me descontraída, liberta da menina arredia que desviava o olhar por timidez, por temor ou uma força desconhecida, que a torturava silenciosamente. Dançava suavemente com sensualidade e aproximou-se, empurrando-me ao de leve para sentar-me no sofá espaçoso da sala, oferecendo-me aquela dança como Salomé. Refastelei-me nele derramando vinho pelo chão no caminho para o assento de estofado marrom.

Ela, que imitava os passos do ensaio coreográfico da igreja, após rodar com suavidade, bebeu o restante da taça, que vazia pousou na mesa. Continuava oferecendo a sua dança com sensualidade, por vezes balançava os belíssimos cabelos e arregaçava o vestido desnudando as coxas firmes e grossas que luziam com a luz amortecida dos fundos da sala, compondo a iluminação perfeita para a dança original e convidativa. Deveras a sua performance sensual libidinosa causava furor, contorcia-se e arqueando o corpo para trás, soltava os cabelos das costas e exibia as pernas puxando o vestido, ora a direita e ora a esquerda, até aos quadris. Sorrindo, liberada das tensões em que vivia a pobre menina, concentrava as suas energias na exibição dos seus dotes, cortejando-me com beleza e graça e avançou em minha direção convidando-me a dançar com ela.

Eu nunca ousara participar de danças mundanas e não estragaria aquele espetáculo particular, recusei. Ela insistiu e eu recusei novamente. Então, aproximou-se mais de mim e tomou a minha taça pousou-a na mesinha de centro, que afastando-a com a perna e tomando as minhas duas mãos puxou de leve o meu corpo, sorrindo com a boca manchada do vermelho do vinho. Puxei-a para mim, ela sem resistir sentou-se no meu colo, arqueando as pernas e montando sobre o meu sexo excitado. Puxou o vestido na altura dos quadris revelando o sexo umedecido da força da idade juvenil e pousou o rosto no meu ombro, esbaforida, soprando um hálito quente e doce e sorriu da indisfarçável excitação. Avançou e soltou o primeiro botão das minhas calças, ao que respondi baixando--as até os joelhos. Ela segurou-me o pênis forçou a entrada, que não tardaria a romper-lhe o hímen. Era virgem para meu espanto, o êxtase irrompeu célere, apertou-me e gritou um brado abafado. Assim ficamos abraçados, com a respiração sincronizada e a plenos haustos, após o que, liberando todas as tensões ela saiu de cima de mim e foi tomar banho.

E eu, sentindo-me envergonhado, fui para meu quarto e travei aquela luta imensa que relatei no início, quando comecei a escrever esta história.

XIV

No dia da eleição, fui bem cedo a igreja. Cumprimentei alguns irmãos, desculpei-me pelo isolamento e agradeci a conduta de inteiro respeito pela minha privacidade – herança de meu pai, que acostumou a assembleia a dividir e separar a vida privada e o ministério público.

Voltei a casa, sem preocupar-me com os afazeres domésticos que Elaine cuidava a perfeição. Fui para o meu quarto e segui escrevendo e driblando o encontro com a menina. Até que ela, rompendo o nosso isolamento, apareceu nua à porta do meu quarto, encostou-se ao batente, dando palmadinhas rápidas no ventre insinuando que guardaria silêncio sobre o que derramei no seu interior.

— Parabéns! Agora, és o Reverendíssimo! – Disse rompendo o silêncio. – É a notícia do dia e há uma felicitação marcada para hoje, à tarde, ao vivo no programa do Sr. Bispo. O teu nome foi vencedor antes do final da apuração.

— Obrigado. – Disse secamente, tentando afastá-la e assim excluir da memória o sucedido.

Nessa altura, a minha família iria para a igreja ao cair da noite, conforme estava o recado na minha secretária eletrônica, ouvia as mensagens enquanto nos arrumávamos para a noite gloriosa. Ainda restavam algumas horas antes do triunfo final, antes que abraçasse o meu destino que premiou a coroação dos meus esforços chegando até aqui por obra e graça do Espírito Santo.

Elaine ocupar-se-ia na interminável dança das mulheres, na escolha da roupa certa, trocando todas as peças possíveis, sem nunca encontrar aquela combinação irretocável, coisa que só ocorria em cerimoniais. Aproveitando a oportunidade pedi-lhe, no tempo que tínhamos de sobra, que esquecesse o acontecimento e não demonstrasse a intimidade que tivéramos, pois a bem das minhas novas obrigações, não conseguiria concluir essa tarefa depois de amanhã, quando despertaria ao lado da esposa amada e dos meus filhos, cuidando das atribuições sagradas de um reverendo dado os elevados deveres que agora me cabiam.

Depois de luta colossal travada pelo meu completo restabelecimento, uma vez que há muito não bebia demasiado, estava ali desperto, renovado. Lembrei-me de meu pai sempre lançando o meu nome à sua própria sucessão e eu recusando estupidamente, fazia essa meditação enquanto me barbeava com esmero. Fui eleito, se é que possamos chamar assim esta situação.

Graças à herança moral dele, pude cuidar de minhas coisas em segredo, sem ser importunado pelas pessoas da congregação, sendo respeitados os limites entre a vida privada e o ministério público.

Quando era mais moço, ainda embalado pelo sonho no qual as pessoas falavam a verdade e via nos adultos da igreja, pessoas cuja vida testemunhava cada acontecimento que eles alegadamente vivenciavam, sonhos heroicos de conversas com Deus e visitas de anjos extraordinários que atendiam às súplicas dos pedintes da fé e emocionava-me.

Desejava no fundo da alma, suplicando de joelhos dobrados, que Deus me concedesse uma graça igualmente maravilhosa como as histórias que ouvia. Não sendo atendido, perguntava ao meu pai – Por que Deus não atendia as minhas orações? Ele sorrindo, pacientemente, explicava que eu ainda não era merecedor de ser atendido e que não deveríamos, sobretudo, questionar os desígnios misteriosos do Senhor.

Na época aceitava essas explicações e aplicava-me mais no merecimento, de que os anjos ouvissem as minhas preces já que o Senhor deveria estar demasiado ocupado, e acreditava nisso. Com efeito, cresci e entendi, que não era a mim que Deus não atendia. O problema era que aquelas histórias, que cresci ouvindo na igreja e sobretudo das façanhas bíblicas, eram exageradas, fantasias de um povo ávido por querer encontrar importância em si mesmo e descobrir algo além de suas vidas sem sentido, sofridas, irrelevantes.

Decerto que Deus existe e que ouve as nossas orações, mas de uma forma completamente diferente daquelas que estávamos acostumados a ouvir nos cultos, onde o povo religioso ensaia as suas aventuras imaginárias. Várias vezes via o meu pai explicar as contradições entre o que pregava e o que na verdade praticava e sentindo um receio por ver tanta hipocrisia, arguia-o e ele, ternamente, explicava-me que aquilo era normal. Que nós, religiosos, éramos pessoas normais e que essas coisas eram assim mesmo. Deixava em aberto essa situação dizendo seguramente que somente depois que assumisse as minhas funções sacerdotais, entendê-lo-ia. E de fato, hoje, eu entendo aquele homem sábio que eu condenava em segredo. Nas pregações de domingo, ele falava de amor incondicional ao próximo, no respeito à esposa chamada de alicerce do lar, na monogamia e outros aspectos da vida que não praticava. A tudo o que me parecia um contrassenso absurdo era respondido da mesma forma, o meu pai confiava que o tempo se encarregaria de ensinar-me as razões para aquelas atitudes.

Hoje, entendo o velho reverendo. Eram contingências da vida, ser duro e reto fazia parte do seu trabalho. Era o seu dever e o seu ofício. Todos temos os nossos momentos de aridez e falta de fé. Isso encarna o sentido exato do ofício sacerdotal. Mas o meu dever era não demonstrar isso e seguir exortando o povo a práticas devotadas e códigos rígidos de conduta moral e que eles eram o sal da terra e discípulos de Cristo, empreitada essa que exige sacrifícios e desapego, sem explicar ao certo como fazer isso.

— Meu filho, – dizia ele – tu precisas ser o sal da terra, o separado, o santo, mas por vezes as nossas fraquezas morais arrastam-nos a uma posição muito inferior ao discurso. Nunca deixes que vejam as tuas fraquezas.

Eu repetia esse código costumeiramente. Aprendi a lição. Estou pronto para aceitar o meu destino e a seguir os aconselhamentos preciosos de um reverendo tarimbado, experimentado nas contradições e nos acertos.

Ainda tenho certas deficiências com relação ao meu pai, que preciso corrigir. Ele tinha mais carisma do que eu, sabia muito mais de teologia do que eu, ainda que fosse autodidata, era crente, era respeitado pelos seus próprios méritos, mas nunca frequentou ou estudou história e teologia em uma universidade, não tinha nenhum diploma, não cursou nada como eu fiz.

Sigo ainda hoje, com as mesmas incertezas de sempre. Não tenho certeza se creio realmente em ressurreição, mas o povo precisa crer nisso. Já não importa a mim se é verdade ou não, importa que seja ensinado assim. O nosso sustento depende disso, os alicerces da igreja estão fundamentados nessa história e assim mesmo precisa de ser ensinada. Nunca vi milagre algum. Ouvi falar da mesma forma que o povo, mas dizer que vi com os meus olhos, nunca, ainda que creia que a Deus tudo é possível. Não poderia duvidar disso. Sei que é possível e creio, de toda a convicção, que Deus pode tudo. Se não pudesse, não seria Deus ele mesmo, como argumentava Santo Anselmo. Mas testemunhar milagres verdadeiros, isso nunca.

Não obstante, ganhei as eleições de forma avassaladora, conforme me informaram e sei também que será para sempre. Breno será o Administrador Financeiro e Seu Eustáquio o Conselheiro Vitalício, dono da "marca" concebida na profecia. Todos, salvo Eustáquio, têm três ou quatro anos, não lembro bem, para desempenhar as suas funções, ainda que os seus vencimentos, de alguma forma, sejam vitalícios. Todavia, durante esse período vou organizar uma suposta campanha para Deus orientar-nos se devemos continuar com essa história de eleições. Depois inventaremos uma solução, divinamente inspirada, a qual o Senhor nos orientará a suspender as eleições diretas, sob forma de ofender a sua determinação de que toda autoridade procede de Deus. Assim, abolidas as eleições poderemos permanecer no cargo "ad eternum". Isso contará com o apoio de todos os conselheiros, desde que façamos um bom trabalho teremos respaldo público e da diretoria para tal intento. Não é difícil conseguir isso. É preciso fazer vista grossa aos desvios que certamente o jovem músico fará e deixá-lo encher de mimos caros a sua noiva, celebrando o seu casamento com honras e luxo.

Seu Eustáquio, agora ocupando a vaga da sua mãe espiritual, devendo explicações sobre o cheque nunca encontrado, aumentando os seus rendimentos e dando-lhe algum conforto material e claro, sem esquecer de superestimar a sua posição, fingindo aceitar os seus aconselhamentos sempre que requisitado sobre coisas óbvias, o que fará com que o seu conselho seja seguido, enchendo-o de orgulho e de vaidade. Será outro apoio certo.

E ademais, preciso do apoio do Sr. Bispo, que recebendo os seus dividendos e acertando um aumento gradativo do rebanho, sentir-se-á confortável no seu novo investimento. Da mesma forma, bajularei os seus conselhos deixando-o à vontade. Senhor de tudo, um chefe incontestável, o que mexerá com o seu brio. Também farei, de modo a que minha perpetuação seja garantida. Pensei em tudo isso pelo bem-estar geral. Afinal, aceito sacrificar-me. Ninguém irá querer perder os benefícios adquiridos.

Obviamente Breno, agora conhecido músico e administrador financeiro, já não lhe interessava as campanhas de oração ou quaisquer outras formas de disciplina espiritual. Sendo reconhecido pela sua carreira podia desfrutar daquilo que sempre quis. Júlia, a sua esposa, já crescida em idade e desenvoltura, continha-se no papel da esposa do presbítero Breno, que muito ultrapassara as ambições naturais dos religiosos, cujos hábitos se resumem a jejum e oração. Assim, com a promessa do Sr. Bispo de lançá-lo a uma carreira política e ao montante financeiro avantajado que lhe assomaria, cada vez mais excitado com o sucesso, esqueceu ou desdenhou da caminhada espiritual, trocando-a pelo sucesso mundano que, a bem da verdade, nem sequer era algo estranho aquele meio. Todos viam em sua performance, inclusive, um sinal da bênção certa de Deus. Nada testemunharia mais a seu favor sobre a presença de Deus do que seu sucesso financeiro. Prova do seu empenho e acreditavam as pessoas comuns ser fruto de fé e do amor a Deus.

— Estou bem! Estou bem, graças a Deus! – Repetia Breno a todos que o inquiriam sobre a sua vida, que cada vez se afastava mais da vida espiritual.

O sucesso musical abriu-lhe a possibilidade política devido à visibilidade que conquistou. Na altura, estava lançada uma corrida louca dos evangélicos em busca da ascensão política e metemo-nos de cabeça nessa empreitada. Nada mais poderia coibir a ambição do miúdo, dado que sua fama e notoriedade ultrapassaram as redes sociais, assim, começou e tornou-se célebre graças ao senhor bispo que impulsionou a sua carreira incutindo no pupilo uma nova ambição social – a política. Os dividendos, a alavanca social e as imensas possibilidades de negócios através da política, sempre que o assunto era abordado faziam brilhar os seus olhos amendoados e esboçava um sorriso pleno, cheio, que lhe rasgava as maçãs do rosto. Assim foi, aceitara o reto. Será eleito e certamente encherá a congregação de orgulho. Porém, com as inúmeras viagens a Capital para executar o seu trabalho como parlamentar, pedirá exoneração do cargo que ocupa na igreja, inclusive a administração financeira.

Júlia orgulhosa do marido gostava de repetir que eles não precisavam disso. Breno mais experimentado na arte de seduzir e treinado pelo seu mentor em usar a oratória, polidamente desconversava alegando que "Deus dava o trabalho a cada um de acordo com suas possibilidades, desde que nenhum homem de Deus esquecesse que o mais importante era pregar a palavra e deixar-se ser usado pela vontade do criador".

Claro que, com o passar dos anos, virão escândalos de corrupção e outras mazelas que serão fáceis para ele contornar. Inclusive, ganância e corrupção estavam tão entranhadas na nossa sociedade que ninguém acharia inaceitável que um político egresso do meio evangélico o fosse também. Além do mais, o desligamento dele com a nossa congregação tornaria mais fácil para nos defender de quaisquer ligações a ele, caso fosse necessário. De modo que a sua meteórica carreira não nos preocupava, ainda que o seu desligamento fosse dos cargos administrativos, ou seja, o importante era mantê-lo filiado contribuindo e abrindo portas para os nossos investimentos e projetos. E isso, eu posso testemunhar em seu favor, nunca se esqueceu de dar o seu dízimo, as suas ofertas e os seus sacrifícios à igreja, pondo-o dessa forma exatamente como nós queríamos. Os escândalos virão. Devemos é, estar preparados para nos defendermos e se possível for, sairmos incólumes deles.

Sobretudo é fundamental que os inimigos, que emprestam as suas bocas ao diabo, entendam que não há gravidade nisso. É via de regra negócio, somente um negócio.

A despeito de tudo o que se diz, uma coisa é certa, somos vitoriosos. Com a graça de Deus somos vitoriosos. Amém!

FIM

Apêndice

Pode ser que o comportamento ordinário de alguns personagens pareça com pessoas reais, porém, nunca foi minha intenção criticar alguém em particular, e nenhum dos personagens representa alguém que tenha conhecido. Aliás, vale ressaltar que eu luto contra ideias e nunca contra pessoas.

Este livro foi composto em Chaparral Pro,
sobre papel Pólen Soft 80g, no outono de 2021,
em Curitiba, para Kotter Editorial.